仕事もプライベートも1年365日が
絶好調になる48の習慣

超開運！
神さま歳時記

荒川祐二

KADOKAWA

はじめに

「ていうか、神さまって何？」


それが、私が神さまに対して抱いた率直な疑問でした。

かつて私は人生がうまくいかなくて、何をしても空回りするばかり、頑張っても、頑張っても、人生が好転する気配すら感じることもできない時期がありました。

そんな時にもうやることが尽きてしまって、途方に暮れた時に向かったのが、住んでいる家の近くの神社でした。

肩を落として神社のさい銭箱に10円玉を入れて、「神さま、どうか人生を変えてください」と祈り続けたところ、急に心に疑問が湧いてきました。

それが冒頭の、「ていうか、神さまって何？」という疑問だったのです。

世界中の人に「神さまって知ってますか?」と聞いたとき、「知らない」と答える人はいないと思います。

しかし、「では、神さまとは何ですか?」と聞かれたら、皆さまならどのように答えるでしょうか?

それに対して、当時の私も答えられない自分に気づいたのです。

「神さまとは?」

何かヒゲをはやしていて、白いワンピースを着て、雲の上に乗って、杖《つえ》を持って、「〜〜じゃ」と話すおじいさんのような存在? いや、何か違うような……。

そう考えた時に、「では俺は今、誰にお願い事をしているんだ?」と思ったのです。

誰かも分からない相手に、自分の人生を変えてくれと願っている、しかもたった10円の対価で……。

これは今、自分はものすごく失礼なことをしているのではないだろうか、と思いました。

そこから私の、神さまを知る日々が始まりました。

この本は私自身が「ていうか、神さまって何？」という疑問を得た時から、10年近い歳月をかけて得たすべての答えを書かせて頂きました。

それらを日本の四季を通じた1年を通しての毎月の習慣という形に落とし込み、皆さまが、より良く神さまとつながり、素晴らしい人生をおくっていただけるようにとの思いを込めています。

かつて何をしてもうまくいなかった自分でしたが、きちんとした知識のもと、神社で神さまに願い、神さまに寄り添う生活をすれば、確実に人生は変わっていきました。

私自身はかつての疑問を得た時から本書を出す現在に至るまで、本の出版が今回で節目の20冊目になるなど、たくさん決まったり、講演会の回数が500回を超えたり、また経営している会社が飛躍的に成長したり、子宝に恵まれたりと、数えきれないほどたくさんの良いことに恵まれました。

「神さまはいるか？」と聞かれれば、私は胸を張って、「必ずいる」と断言できます。

そして必ず私たち全員を1人の漏れもなく、見守ってくださっています。

ぜひこの本を通して、皆さまの人生にたくさんの神さまの御加護と実りがありますように。

荒川祐二

目次

皐月《さつき》
5月

水無月《みなづき》
6月

文月《ふみづき》
7月

葉月《はづき》
8月

長月《ながつき》 9月

神無月《かんなづき》 10月

もっと！「超開運」するための神さま知識12

カバー・本文デザイン・DTP／Ｉｓｓｈｉｋｉ（杉本 千夏）
本文イラスト／ｙａｓｕｙｏ

初日の出

睦《む》月《つき》

1月

- 初日の出を見ながら、「太陽の神さま」とつながろう
- 初詣でやってはいけない願い方に注意!
- お年玉の意味を理解する
- 神話の意味をあらためて見つめてみる

睦月《むつき》
1月

初日の出を見ながら、「太陽の神さま」とつながろう

お正月のご来光、初日の出は、一年の最初に太陽と出会う機会です。

「太陽の神」といえば天照大神《アマテラスオオミカミ》。

太陽の恵みは誰にでも平等にもたらされるのと同じように、常に平等に、私たち全員を見守ってくださっている、日本人全員の総氏神さまです。

アマテラスは、父のイザナギから神々のトップとして高天原を任されましたが、弟神のスサノオの横暴ぶりに耐えかね、天岩戸に閉じこもってしまいました。

世界から太陽が失われると、世界は闇と化し、災い続き。困った神々は、アマテラスを岩戸の外に出そうと、あれこれ考えた末、岩戸の前で大宴会を開きます。自分がいなくて困っているはずの外は、歌い踊り笑い楽しそうな様子。気になったアマテラスは顔を出します。神々は作戦通り、アマテラスを岩戸の外に出すことに成功したのです！　そして、世界には光が戻り、闇や災いが治まりました。

この有名な「天岩戸開き」のお話からお分かりの通り、アマテラスの最大の特徴は、**「ただそこに存在するだけで、人々を明るく照らす」**ことです。

天照大神は、次のような願いを持った方にピッタリの神さまです。

・他人との協調性を持ちたい方
・競争とは異なる世界で穏やかな人生を望む方
・自己実現のために努力していきたい方
・多くの人から愛される自分になりたい方

睦月《むつき》
1月

初詣でやってはいけない願い方に注意！

普段神社を訪れない方でも、初詣はなんとなく行く。そんな方もいらっしゃるのではないでしょうか。

その際、今年の抱負などを、神さまにお話しされる方も多いと思いますが、皆さまは、どのようにお願いをされていますか？

基本的な流れは、自分の名前・生年月日・住所をお伝えし、

「(神さまの名前)さま、いつも見守り、お守りくださいまして、ありがとうございます」

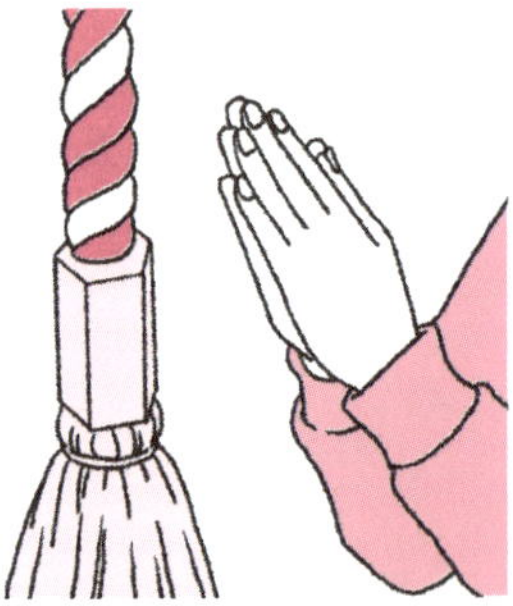

など、心を込めて日頃の感謝の気持ちを伝えた後に、お願い事があれば、それをお話しする、というのがよいと思います。

しかしこの時に、やってはいけない願い方があります！
それはずばり、「○○になりませんように」です。

「○○になりませんように」という願い方は、「○○になりますように」と深層心理で言っているのと同じなのです。

たとえば、「貧乏になりませんように」であれば、「私は現状、お金があまりなく、どんどん貧乏になる恐れがあるような人間です」と言って願っているのと同じことだからです。

ぜひ、気をつけてください。

1月 睦月《むつき》

お年玉の意味を理解する

子どもにとって正月の大イベントときたら、「お年玉」ですよね。皆さまも幼い頃、ワクワク楽しみにしていた経験はあるのではないでしょうか。

この「お年玉」。勘の良い方ならお気づきの方もいらっしゃると思いますが、神さまが由来しています。

年神さまにお供えした鏡餅を「御年神さまの魂」と呼び、

おとしがみさまのたましい↓おとしだま

御年神さまの魂が宿ったお供え物の餅をみんなで分けて、ありがたく食べることによって、新しい一年の幸せを共有したとされています。

それが月日とともに、形が変わり、子どもに「お金」というカタチで、幸せや愛を表現し、分け与える文化へと発展していったようです。

こうして私たち日本人は、知らず知らずのうちに幼い時から、神さまと距離が近く、たくさんの恩恵を受け、神さまやご先祖さま、親戚、家族に見守られ、愛を受け取りながら育ってきたのです。

皆さま、年神さまと過ごす、よい年始をお迎えください。

睦月《むつき》 1月

神話の意味を
あらためて見つめてみる

日本の神道では、神を信じなさい！　と強制をしません。
それは、神道は宗教ではなく、神から続く先祖の歩んでこられた「道」だから。
教えを説くのではなく、自らその道を学ぶものなのです。

武道や茶道、書道なども同じで、先生の打ち込む姿勢、所作などを見て体験し自ら学ぶことで、自分自身のなかで道を切り開いていきます。

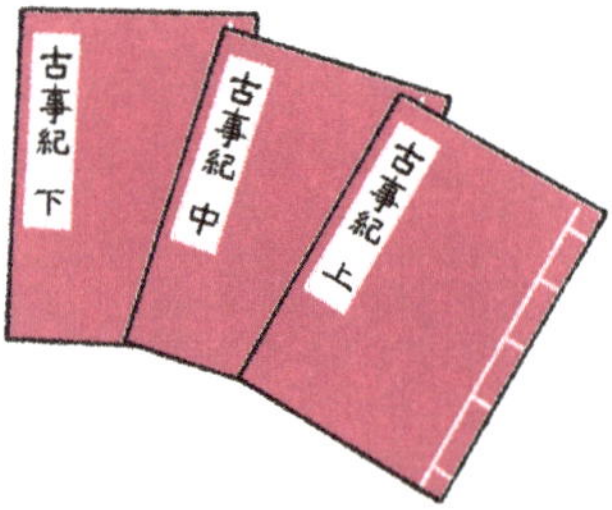

このような精神のことを「**神道言挙げず**」といいます。

あえて説明はしない。その道に通ずるものの姿勢を見て覚え、感じて学ぶものだから。しかし、それが戦後、できなくなってしまったのです。

イギリスの経済学者、アーノルド・トインビーが言った有名な言葉に、「**自国の神話や歴史を忘れた民族は必ず滅びる**」というものがあります。

神話には、神さまの経験が現代の私たちに生きる知恵・教訓として今も生きているのです。

「暦ごとにある、催し事、伝統はなぜあるの？」

そういったことを語らない時代から、今はもう語らなければいけない時代になっています。

私自身も知らないことばかり、ぜひ新年を機に、一緒に学んでいきましょう。

column

なぜ日本の神さまは数が多いのか

日本では、古くから多種多様な神さまが信じられ、神社や祠《ほこら》、道端にトイレなど、ありとあらゆるものに、神さまが宿ると考えられてきています。

そんな神さまは、大きく3つに分けられます。

（1）神話に登場する神さま

『古事記』や『日本書紀』に登場するアマテラス、スサノオ、ツクヨミといった総勢327柱の神さまたちです。

（2）自然現象を神格化した神さま

古代の人々は自然災害など人間がコントロールできない出来事が起こると、これらを神々の怒りと考えました。そのため、自然を神として祀《まつ》ることで怒りを鎮め、難を逃れようとしました。また、生活に関わる、ありとあらゆるものを神とし、これらに感謝の念を捧げることで、人々の生活の向上や家族の安泰を願いました。

(3) 人を神格化した神さま

歴史的にも活躍した英雄や偉人などを神格化した神さまです。

「学問の神」で有名な菅原道真《すがわらのみちざね》も古くは、死後に起きた天変地異が道真の怨霊《おんりょう》の仕業と考えられ、その怨《うら》みを鎮めるために神として祀られるようになりました。

他にも、武田信玄、徳川家康などの戦国武将も死後、歴史に残した功績をたたえられ、神として祀られました。

このように、日本の神さまは、実に数が多い！

キリスト教やイスラム教などにおける一神教とは異なり、仏教や道教など外国由来の神々も、日本の神さまの仲間として崇拝するのも日本ならではですよね。

この、多くの日本人における**神さまに対する柔軟な捉え方が、八百万《やおよろず》の神を生み出している**ということです。

仕事も生活スタイルも多様化している現代において、「こうでなければいけない」「こうするべき」と、かたくなに考えや言動に制限をかけるのではなく、日本人がもとから持っている神さまに対する柔軟なとらえ方のように、善きものを取り入れる力。それを発展・向上のために活用したり、養うときかもしれませんね。

如月《きさらぎ》

2月

❖受験の季節は「学問の神さま」と目標をたて頑張る！
❖寒い季節は温泉の神さまに助けてもらう
❖温泉で日頃の穢れも祓うことができる
❖家をパワースポットにする方法

如月《きさらぎ》
2月

受験の季節は「学問の神さま」と目標をたてて頑張る！

2月は受験シーズン真っ盛り。

そんな季節にピッタリなのは、**「学問の神さま」**として、その名を知らない人は、ほとんどいないであろう菅原道真。若くして学問の才能を発揮し、貴族ではない身分から平安の時代を駆け上がりましたが、志半ばで貴族たちの嫉妬を買い、その策略にハマって左遷されます。

道真の死後、巷《ちまた》では疫病が流行《はや》り、皇族や貴族の原因不明の死が相次ぎ、宮中には巨大な雷が落ちることに。そんな不運が続いたことから、道真の祟《たた》りだと信じた人々は、その怒りを鎮めるために、京都・北野の地に社を建て、道真を神として祀ることにしました。

以来、祟りは鎮まり、時代の移り変わりとともに道真は生前の功績をたたえられ、今では「学問の神さま」として広く愛されています。**自らの努力を惜しまず、目標のために頑張る人を支えてくださる神さま**です。

菅原道真は、次のような方にピッタリ!

- 自身をレベルアップしていきたい方
- もっと勉強で良い成績をとりたい方
- 功績を残して大成したい方

如月《きさらぎ》 2月

寒い季節は温泉の神さまに助けてもらう

春が待ち遠しい、そんな時は温泉にゆったり浸かって、体を芯《しん》から温め、のんびり過ごすのはいかがでしょうか。

ああ、つい自分の願望が表れてしまいましたね。ここでは、温泉と神さまにまつわるお話をご紹介します。

温泉の神さまがいらっしゃることを皆さまご存じでしょうか。

如月 2月

寒い季節は温泉の神さまに助けてもらう

温泉が人間にとって体にいいと教えてくれたのは、日本全国を巡り、国造りを行った「大国主」と「スクナヒコ」と言われています。

国造りに勤《いそ》しむ人々に2柱は、農作物の作り方や害獣・害虫を防ぐ方法などを授けてまわっていましたが、国造りに励んでいる最中、病に倒れたスクナヒコを助けるため、大国主が大分県の別府から「速水の湯」と呼ばれる温泉を引き、その病を癒したのが、日本で初めて行われた湯治です。

国造りを進めていくなかで自分たち神とは違い、若くして死んでしまう人間をかわいそうに思った2柱は、自身も温泉で病を癒したことから、人々に体に良い温泉の入り方を教えることにしました。

そうして開かれたのが静岡県・伊豆の温泉です。愛媛県の道後温泉もこの2柱が引いた温泉とされています。

体を芯から温め、疲れを癒し、体の調子を整える湯治は、日本各地で昔から行われてきましたが、それは、日本全国を巡った神さまのおかげで広まった知恵だったのです。

現代のネット社会のように情報が得られなかった昔の日本では、温泉が湧く場所によって泉質が変わることもあり、自分の体の不調にあった湯を探しに各地を巡ることも珍しくはなかったそうです。

大地の活発な熱エネルギーにより温められた地下水が、地上に沸き上がる温泉は、まさに、地球と一体化するパワースポットに違いありませんね。

あなたが温泉に入る際は、こういった神さまのことを湯に浸りながら思い出し、そっと御礼を伝えてみてください。

きっと、大国主やスクナヒコが喜び、あなたと神さまたちの距離がグッと近くなることでしょう。

如月 2月 寒い季節は温泉の神さまに助けてもらう

道後温泉（愛媛県松山市）

如月《きさらぎ》 2月

温泉で日頃の穢れも祓うことができる

スクナヒコは、永遠の世界である「常世《とこよ》」から来て、大国主さまと国造りをした後、「常世」に帰った神さまです。

そのため、かつての人々は、温泉をどこからともなく来た生命の水として、「常世から来る水」と考え、**日頃の穢《けが》れを祓う禊《みそ》ぎの場として温泉を活用**していました。

神社参拝をする際に手水舎《ちょうずしゃ》で手や口をすすぐと思いますが、これは、禊を簡略化している作業です。

如月 2月 温泉で日頃の穢れも祓うことができる

昔は、冷水で全身を浸かって禊をすることを「水垢離《ごり》」、海なら「潮垢離」、そして温泉などの湯であれば「湯垢離」といい、全身を浸かることで神さま、仏さまの前に立つ自分にふさわしい状態を作るために身を清めていました。

それが温泉ならば、身を清めると同時に旅の疲れを癒す、「ご褒美時間」であったことに違いないでしょう。

今では、全国に3000カ所以上の温泉地があるそうです。

神社は、8万8000社以上ですから、「神社仏閣巡り」と「温泉」がセットで旅の醍醐味《だいごみ》とされるのも分かりますね。

読者の皆さまも、そろそろ、温かい温泉に浸りながら、のんびり過ごしたくなってきたことでしょう。

如月《きさらぎ》 2月

家をパワースポットにする方法

寒い季節は、外に出るのがおっくうになり、家にいる時間が増える人も多いでしょう。家は、私たちが心身ともに疲れを癒し、明日の活力を充電する場所。その家が汚かったり、整えられていないと、穢れがたまり、よどんだ空気になりやすいのです。

体の疲れがなかなか取れず翌日まで残っていたり、うまく物事が進まないときは家に問題がある場合があります。家族と住んでいる人にとっては、自分だけでなく家族にもそれが影響します。家族や自分自身、神さまたちにも居心地のいい場所を

整えてあげることが、あなたの開運を後押ししてくれます。朝は、カーテンを開け日の光を入れ、1日1回でもいいので換気もお忘れなく。

それにプラスして、とっておきの開運方法をお教えいたしましょう。

あなたの家に神さまの家である『神棚』を設けてあげてください。

神棚は、神さまがあなたの家に住みつける、依《よ》り代《しろ》となる場所です。なかなか、神社へごあいさつに行けない方でも、家なら毎日神さまにごあいさつする機会がつくれますよね。

神さまに、ごあいさつするということは、神さまに感謝をするということ。今、生きている幸せ、今、満たされていることを自覚する大切な機会でもあります。神さまに感謝する機会が増えるメリットとして科学的にいえることは、メンタルトレーニングにも使われるマインドフルネスの状態になりやすいことがあげられるでしょう。

マインドフルネスとは過去の経験や先入観といった雑念にとらわれることなく、体の五感に意識を集中させ、「今、この瞬間の気持ち」「今ある体の状況」といった現実を、あるがままに知覚して受け入れる心の取り組みです。

「私は、神さまが見えないから別に、いいや」ということではありません。他の誰でもないあなた自身が、あなたの行いを一番に見ているはずです。自分自神が見ているのです。

今よりもっと善き流れに乗りたい方は、ご紹介した開運方法を実践されてみてください。

あなたが神さまを尊ぶマインドと行動を見せて、神さまからたくさんごひいきされちゃいましょう。

神棚

column

ネガティブをポジティブに変える神さまのお話

私たちは、普段さまざまなところで神さまたちの存在を感じられることがあります。

今は、マンガやゲームの世界にも神さまがキャラクターとして使われ、世代を問わず慣れ親しんだ存在です。

受験生なら合格祈願。仕事をされている方なら商売繁盛。有名な経営者の方々も篤く神さまを信仰されています。猛将のイメージが強い戦国武将たちも戦いの前に勝利を願って参拝を行っています。

日本の神さまあるあるなのですが、**神さまのネガティブな経験は、すべ**

てネガティブとしてとらえないのが日本の考え方です。

たとえば、別天神《ことあまつかみ》の命によりイザナミとイザナギの間に初めて生まれた子どもは「ヒルコ」。子づくりの際に女神のイザナミから男神であるイザナギに声をかけたことから、月が満たずに生まれてしまい「わが産める子良くあらず」とクスノキで作った舟に乗せられ海に流されてしまいます。オノゴロ島から海に流され、たどり着いた摂津国では、その地域の人々に大切に育てられ「蛭子」＝「ひるこ、えびす」とも読むことから夷三郎殿となり、えびす大神として祀られるようになります。

不幸な経験をした神さまだからこそ、ヒルコのご利益は「幸せになること」「笑顔で喜びを持って生きること」となり、商売繁盛や漁業守護と、庶民の幸せを願う神さまとなったのです（※恵比寿は、コトシロヌシとされる説や上記のようにヒルコ説などさまざまあり）。

また、こんなポジティブ変換もあります。高天原から追放されたスサノオがオオゲツヒメに食事を求めた際、食物をつかさどるオオゲツヒメは、目、鼻、尻から穀物を取り出し調理し出したところ、スサノオは、汚い方法で料理をする女神だと思い女神を殺してしまいます。そしてその女神の死体からは、頭から蚕、目から稲、耳から粟、鼻から小豆、陰部から麦、尻から大豆が取れたため、地上界には穀物などが普及したとされています。

一見、残酷で乱暴な結末ですが見方を変えれば、スサノオのように力のあるものがクワを使い、土を耕し、豊穣を得る方法を神話として語り継いでいたのかもしれませんね。

また、『古事記』では、スサノオがオオゲツヒメを、『日本書紀』ではアマテラス（太陽の神）の命で尋ねたツクヨミ（月の神）がウケモチ（穀物神）を似たお話で殺してしまったため、怒ったアマテラスがもうツクヨミとは会いたくないと、太陽は昼、月は夜と顔を合わせることがなくなったとされています。

このように神話を用いて、大切なことを語り継ぎ、物事を読み解く力、想像力を働かせる力が日本の技術の発展やアイデアのもととなっているかもしれませんね。

えびす像（熊本県天草市）

満開の桜

弥生《やよい》 3月

❖春を告げる神さまを感じ気分も高揚させる
❖お花見でコノハナサクヤヒメに感謝を伝える
❖コノハナサクヤヒメを感じ命のはかなさに思いをはせる
❖新しい春をむかえ、 女神が生まれ変わりのチャンスをもたらす

弥生《やよい》 3月

春を告げる神さまを感じ気分も高揚させる

佐保姫《サホヒメ》は、奈良の東にある佐保山や佐保川の女神さまで、霞の衣を織り、柳の糸を染め、**花を咲かせる女神**といわれています。

さまざまな木々の芽が萌《も》えだし、山全体がふんわりと見えることから、山は春の女神のまとう衣、山にかかる三日月は女神の簪《かんざし》、そして霞は女神の衣の裾にたとえられてきました。

そのため「霞の衣」は、季語になっています。

よって、佐保姫は、人々が待ちわびる春もたらすため、数多くの和歌にも登場します。

後鳥羽院「佐保姫の　霞の衣　ぬきをうすみ　花の錦を　たちやかさねむ」

（佐保姫のまとう霞の衣は横糸が少ない。だから春の花々を錦にして重ね着するのだろう。）

大江匡房《まさふさ》「佐保姫の　うちたれ髪の　玉柳　ただ春風の　けづるなりけり」

（佐保姫の髪のような柳は、ただ春風が梳《くしけず》いているだけなのに美しい。）

こういった和歌を聴いているだけでも情景が目に浮かび思わず、うっとりとため息をつきたくなるような景色が広がる様子がうかがえますね。

佐保姫を感じ、思わずうきうきしてしまう春をお過ごしください。

弥生《やよい》 3月

お花見でコノハナサクヤヒメに感謝を伝える

春といえば桜、桜といえばコノハナサクヤヒメ、と思い浮かぶ方も多いかもしれませんね。

もう、ご存じの方も多いかもしれませんが、静岡県富士宮市にある浅間大社をはじめ、全国の浅間神社で祀られています。

コノハナサクヤヒメは、山の神オオヤマツミの娘であり、富士山の神、**桜の花の神さま**で知られていますね。

弥生 3月 お花見でコノハナサクヤヒメに感謝を伝える

コノハナサクヤヒメで有名なお話があります。

天孫ニニギがコノハナサクヤヒメに一目ぼれをし、結婚をしたものの、一夜にして子を授かったことから、本当に自分の子どもかと疑われてしまいました。身の潔白を証明するため、コノハナサクヤヒメは、産屋に火を放ち3柱の神さまを産んだことから、火の神さまともされています。

富士山の噴火が心配されている昨今、コノハナサクヤヒメをより大切にお祀りすることで、起こりうる噴火を抑えたり、噴火の被害を最小限に抑えることができる神さまとして、注目を浴びています。

自分や周囲の身を守る、できる限りの対策をしながらも、こうして私たちが桜を愛《め》でる心の余裕をもって、日常をおくれていることに感謝を伝えていきたい神さまの1柱ですね。

弥生《やよい》
3月

コノハナサクヤヒメを感じ 命のはかなさに思いをはせる

ご紹介している通り、コノハナサクヤヒメは、「桜」を神格化した神さまです。「木花之佐久夜毘売命《コノハナノサクヤヒメノミコト》」。コノハナは「木の花」、つまり桜の花を表していて、桜の花が咲くように美しいという意味の神さまです。

コノハナサクヤヒメは、短命で、はかなさもある神さまです。

というのも、天津神ニニギノミコトがコノハナサクヤヒメに一目ぼれをし求婚した際、娘の結婚を喜んだ父のオオヤマツミが、天津神の子孫のさらなる繁栄を願い、

雪が降り風が吹いても、常に固くある岩のように永遠不変である姉のイワナガヒメ、子孫が花のように咲き栄えるようにと、妹のコノハナサクヤヒメの2人の娘を差し上げました。

しかし、ニニギノミコトは、イワナガヒメをお返しになり、コノハナサクヤヒメだけをもらいました。そのことにより、天津神のご子孫の寿命は、花の盛りの間だけとなり、「短命＝寿命」があることとなったのです。

ちなみに、桜の語源は、動詞「咲く」に接尾語「ら」が付き、名詞になったという説。また、「さ」は神霊を意味し、「くら」は座を表す言葉として、神そのもの、または、神さまが居座っているという意味から「さくら・桜」という言葉ができたという説があります。

桜の季節は短く、限られますが、ぜひお花見に出かけ、桜の花が咲くように美しい女神に思いをはせながら、春を楽しまれてはいかがでしょうか。

弥生《やよい》 3月

新しい春をむかえ、女神が生まれ変わりのチャンスをもたらす

皆さまは、白山神社をご存じでしょうか。全国に約２０００社あるといわれている、石川県白山市にある白山《しらやま》比咩《ひめ》神社を総本社とする神社です。

そこに祀られているのは、縁結びの神さまといわれている菊理《くくり》姫《ひめ》です。

この神さまは、その昔イザナミとイザナギが夫婦喧嘩をして仲違いしたときに（神さまも夫婦喧嘩をするんですね 笑）、その間を取り持った女神さまといわれています。

実は、**菊理姫には縁結びの他にもう一つのご利益があります。**

それは、生まれ変わりです。

古来の日本では、死者は、魂となって山を登って天に行くといわれていました。菊理姫のいる石川県の白山は、冬になると雪がその山全体を覆い、美しく真っ白な山となります。

昔の人たちはその白山を見て、生前の行いや罪穢れを祓い、真っ白になって再び蘇《よみがえ》ることを願って白き美しき山に手を合わせていました。そこから、菊理姫は生まれ変わりのご利益を持つ女神さまといわれるようになりました。

白山山頂の白山比咩神社奥宮（石川県白山市）

生まれ変わりというのは、死んでからの話だけではなく、生きている今も生まれ変わることができます。

新たな人生を迎える春に、新たな自分となって、新しいチャレンジをしたい方や新たな人生を送りたい方は、菊理姫にぜひ願ってみてください。

column

小さいお社は参拝するべき?

全国の神社に参拝していると、小さなお社を見かけるときがあります。実はそういったお社こそお参りすることでたくさんのご利益を得ることができます。

人間社会と同じで、神さまも大きいお社には、たくさんの人の願いや祈りが集まるのですが、小さな神社はお参りする人が少なかったりします。でもそこに神さまがいることには変わりありません。そんな時こそ、その小さなお社の神さまを大切にすればその神さまは、ものすごく喜んであなたの力となってくださいます。

大きいからいい、小さいからダメということはなく、大切なことは、そ

こにある自分自身の気持ちです。どんな神さまも大切にしようとする気持ちがきちんと神さまに伝わってやがて自分に返ってくるので目の前の神さまを大切にする気持ちを忘れないでほしいと思います。

卯月《うづき》

4月

❖諸願成就の「絵馬」の意味を知ると願いが叶いやすくなる!?
❖「菓子祭」でお菓子の神さまとつながる
❖菅原道真と牛の関係を知ってお参りする
❖縁結びの神さまクシナダヒメに春の恋を願う

卯月《うづき》 4月

諸願成就の「絵馬」の意味を知ると願いが叶いやすくなる⁉

神社には「絵馬」がありますよね。

そうです、皆さまの願い事が書かれたものです。

新年度にあたって、絵馬に願いを込めて、奉納する方も多いと思います。

ここでは、絵馬の成り立ちについて、お話ししたいと思います。

絵馬の起源は、もともとは神社に神馬《しんめ》として馬を捧げていたものが、馬を描いた絵を代用して奉納するようになったとする説が知られています。

絵馬に込める願いは人によってさまざまですが、幕末から明治時代にかけて奉納した絵馬が、今も数多く残されてきました。

「病気平癒」や「安産祈願」「学業成就」「商売繁盛」、なかには「禁酒」を誓って、お寺に奉納したものも残されています。

古代、神さまは神馬という馬に乗って人間世界にやってくると考えられていて、そのため神事においては生きた馬を献上していたそうです。

ただ文字で願い事を書くだけではなく、そういった背景があることを知って、**心を込めて馬の背に願いを乗せるように書くことで、願いが叶いやすくなる**こともあるかもしれませんね。

卯月《うづき》 4月

「菓子祭」でお菓子の神さまとつながる

子どもも大人も大好きなお菓子！　そんな、**お菓子にも神さまがいる**とご存じでしたか？

兵庫県豊岡市、中嶋《なかしま》神社に祀られている、タジマモリノミコトはお菓子の神さまとして、日本中の製菓業の方から篤い信仰を受けています。

日本神話が記されている『古事記』『日本書紀』にはこう記されています。

「菓子祭」でお菓子の神さまとつながる

タジマモリノミコトは、仕えていた垂仁天皇に命じられ、常世の国に、不老不死の薬とされる柑橘類の一種である「非時香菓《トキジクノカクノコノミ》」を探しに出かけます。

幾多の困難を乗り越え、10年の月日をかけてやっとその「非時香菓」を見つけ、大喜びで持ち帰りましたが、その時にはすでに天皇は亡くなっていました。

持ち帰った「非時香菓」の半分を皇太后に献上、もう半分を天皇のお墓に供えた後、タジマモリノミコトは悲しみのあまり亡くなったとされています。

昔は、果物のことを「水菓子」とも言っていたため、お菓子と果物は、同じとされていた背景から、彼はお菓子の神さまとして今も大切に祀られているのです。

毎年4月になると、タジマモリノミコトを祀る中嶋神社では、「菓子祭」が行われ多くの人で賑わいます。

お菓子好きの方、お菓子の販売・製造をされている方は、訪れてみても良いかもしれませんね。


いかがでしたか？

お菓子の神さまがいるとは驚きですよね！

何げなく食べていたお菓子にも神さまが関係しているとなるとなんだか、ありがたくなってきますね。

「菓子祭前日祭」の人出（兵庫県豊岡市／朝日新聞社提供）

卯月《うづき》 4月

菅原道真と牛の関係を知ってお参りする

新年度をむかえ、受験や資格試験など、新たな目標を定めて突き進む方々に大人気。学問の神様として有名な菅原道真。「天神さま」としても呼ばれています。

この菅原道真が祀られている神社に行くと、よく「なで牛」が祀られています。それは、菅原道真が、「丑年《うし》」生まれだったこと。また、左遷された際に、牛車で移動中、牛によって待ち伏せの賊の難を逃れたこと。そして、亡くなった後、遺体を運んでいる牛が急に座り込んで動かなくなってしまったことから、道真の御心によるものと考えられ、そこにお墓が造られるようになったことから、**牛は道真に縁の深い動物として、その眷属《けんぞく》（つき従う者）になりました。**

道真でもう一つ有名なのは、次々と京の都で起こった災難です。洪水、長雨、干ばつ、伝染病など、異変が毎年のように起こり、しまいには京都の御所に大きな雷が落ちたことから、道真が怨霊となって災いを招いている、と考えられるようになりました。

怨霊の怒りを鎮めるためにも、道真を祀らないといけないと、雷の神さまと習合された道真には、雷の神さまの好きな捧げものであり、生前からゆかりのある牛を捧げものとしてお祀りしようという流れになったようです。

卯月《うづき》 4月

縁結びの神さま クシナダヒメに春の恋を願う

スサノオさんの奥さんである、クシナダヒメさん。アシナヅチ、テナヅチの8番目の娘として生まれる。かつては、怪物ヤマタノオロチに食べられそうになる運命を受け入れていたところに、英雄スサノオさんが姿を現し、命を救われたという、まるで白馬の騎士伝説のような過去を持つ女神さまです。クシナダヒメさんは、命の恩人のスサノオさんと結婚して夫婦となり、仲睦まじく暮らしたことから**縁結びの神さま**として女性たちから篤い信仰を受けています。

ひと口に恋愛といってもさまざまですが、今自分が人生において苦境に陥ってい

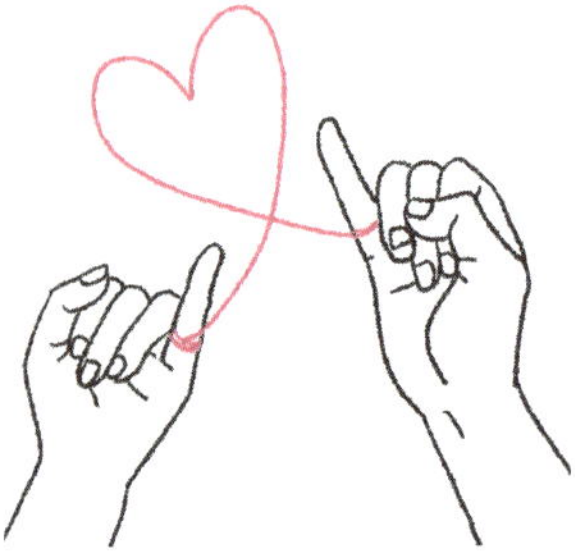

たり、つらい環境に居るときに、このクシナダヒメさんと友達になることで、その苦境を救ってくれたり、白馬の騎士のような男性が現れたりする。そんなご利益を与えてくださる女神さまです。

こんな願いを持った方にピッタリ!!

・今のつらい恋愛状況から抜け出して幸せになりたい
・半歩下がってパートナーを支える生き方をしたい
・つらい状況を打破して明るい未来に突き進みたい
・両親を大切にしたい

column

お賽銭はいくら入れればいい？

神社に行くと、いろいろな疑問が湧いてくると思います。そのなかの1つで多いのが、「お賽銭はいくら入れればいいのか？」ということです。

安いと願いが叶わない？　高い方が願いが叶う？

そんな疑問もあるかもしれませんが、実はそんなことはありません。

お賽銭の由来というのは、**もともとはお米や野菜などの農作物や海産物**

など、収穫できた恵みに対して、神さまに「ありがとうございます」と、感謝してお供えしたことが始まりだったのです。

いわば、願いを叶えてもらうための対価ではなく、「頂いたものに対する感謝」だったのです。

それが時代の発展のなかで、物々交換は貨幣経済に変わり、神さまへ捧げるものもお金に代わっていった（今も収穫物のお供え物はあります）。

そのように考えるとお賽銭というものは、冒頭に書いた通り、願いを叶えてもらうための対価ではなく、「日々の恵みに対する感謝の気持ち」であることが分かります。

1万円だから叶うわけでも、1円だから叶わないわけでもない。

皆さまの日々の生活に対する感謝の気持ちを、神さまにお届けするようにしてください。

皐月《さつき》

5月

❖ゴールデンウイークの旅行で注目の神さま2柱

❖相撲の神さまに勝負運を授けてもらう

❖とっても縁起の良い、田んぼを守る蛇の神さま

❖神社で柏手を打つ理由

皐月《さつき》
5月

ゴールデンウイークの旅行で注目の神さま2柱

ゴールデンウイーク。旅行に出かける方が多いと思います。
旅行にあたっては、天気を気にされる方も多いのではないでしょうか。
ここでは、そんな**天気にも関わる「風の神」**の2柱をご紹介します。
その名前は、
天御柱命（アメノミハシラノミコト）
国御柱命（クニノミハシラノミコト）です。

この2柱は、イザナギ、イザナミから生まれた神さまで、『古事記』『日本書紀』にはごくわずかしか登場しません。

船旅や空の旅では、台風などの強い風は交通機関に大きく影響を及ぼします。この2柱は、このような風の害を避け、旅の安全をもたらしてくれる力があります。

名前に「天」「国」という文字が入っていることから分かるように、空や海上で吹く風、地上で吹く風を操り、風から転じて「**風邪**」**も治してくれる神さま**として篤い信仰を受けている神さまでもあります。

あなたの近くの神社にもアメノミハシラノミコト、クニノミハシラノミコトが祀られているかもしれません。言葉に出してお礼を伝えてみるのも良いかもしれませんね。

皐《さ》月《つき》 5月

相撲の神さまに勝負運を授けてもらう

1月、3月、5月、7月、9月、11月と、奇数の月に開催される大相撲の本場所。日本の国技・相撲の創始者であり、相撲の神といわれる「野見宿禰《のみのすくね》」を皆さまはご存じでしょうか。

『日本書紀』によると、出雲国出身の野見宿禰は、第11代垂仁天皇の時代に朝廷のある大和国に招かれ、大和国で一番腕力の強い男との力比べの試合が開かれました。天皇が観戦するなか、繰り広げられた激闘の末、野見宿禰は勝利します。その業

績が認められた野見宿禰は、長く垂仁天皇に仕えることとなりました。

そして、もう一つの野見宿禰の偉業は、当時の悲惨な風習を終わらせたことでした。その風習とは、当時仕えていた君主が亡くなると、家臣たちもともに殉死し、埋葬されなければならないという風習です。

その悲惨な状況に垂仁天皇が心をいためていたため、殉死に代わる何かいい方法がないかを問われた際に、野見宿禰は、出雲国から土師部《はじべ》を100人呼んで、生きた人の身代わりとなる埴輪を作り、ともに埋葬するようになりました。

日本で最も古いスポーツの神さまは、今でも両国国技館のすぐ近く、野見宿禰神社をはじめ、奈良の相撲神社などでお祀りされています。**スポーツや勝負運だけでなく、ものづくりに関わる人にも、きっとご利益をもたらしてくれる**のではないでしょうか。

皐月《さつき》
5月

とっても縁起の良い、田んぼを守る蛇の神さま

5月は田植えの季節。

蛇は、田んぼや畑に現れるネズミを捕食し、自分たちの食べ物を守ってくれる存在として大切にされてきました。

また、**蛇は脱皮を繰り返し成長することから、金運・幸運など、よりよい環境へ変化を招いたり、不死の象徴として縁起がいい**とされています。

男根を彷彿《ほうふつ》させ、子孫繁栄、生命力のシンボルとして大切にされていた側面もあ

ります。

蛇は、それ自体が神さまとして祀られる蛇神信仰で大切にされています。縄文時代に「蛇を頭に巻き付けた女性」の土偶が発掘されていることから、この時代にはすでに蛇に対する信仰があったことがうかがえます。

蛇は水神として、これまた、水の神さまである弁財天のサポート役となっていたり、穀物や福徳の神である宇賀神の眷属（つき従う者）として結びつきが強くあります。むしろ、宇賀神そのものが蛇のお姿をしている偶像が多くあります。

面白いことに、宇賀神も弁財天と習合している像もあります。

神社やお寺に行った際に、見たことがある方もいらっしゃるのではないでしょうか。見たことがない方は、想像してみてください。弁財天の頭の上におじいさんの頭をつけた蛇の姿の宇賀神が冠のように乗っているのです。

こちらは、「宇賀弁財天」といい、主にお寺などでお目にかかることができます。いろんな神さまが習合してしまうこの現象は、インドや中国の仏教にはない、日本特有のお姿なのだそうです。

なんでも、良いと思ったら取り入れ大切にしてしまう、日本の文化がここでもうかがえますね。

穀物と水がタッグを組み神となり、巳の日に縁日が行われる。粋な計らいです。

皆さまの住む地域にも蛇神さまとして、また、ご眷属として祀られている神社があるかもしれません。気になった方は、宇賀弁財天の画像とともにぜひ検索してみてください。

皐月 5月 とっても縁起の良い、田んぼを守る蛇の神さま

井の頭公園の宇賀神像（東京都三鷹市）

皐月《さつき》
5月

神社で柏手を打つ理由

柏手《かしわで》は、もともと手を合わせ、左右に開いてもう一度左右に合わせる動作のことをいいます。

別名「たまふり」ともいわれ、**音を立てることによって神さまに、参拝に来ました、と神さまを呼び出している行為**とされています

柏手の歴史は卑弥呼の時代、中国の歴史書『魏志《ぎし》』倭人伝《わじんでん》に、貴人に対し、ひざまずいての拝礼に代えて手を打っていたとあります。

神社で柏手を打つ理由

目上の人や敬意の対象に対して柏手を打つことで、手の中に武器がないこと、敵意のないこと示したとされています。

明治時代以降になると、参拝の作法を「二礼二拍手一礼」に統一する動きが強まりましたが、今でもいくつかの種類があります。

たとえば、出雲大社では「二礼四拍手一礼」。

そして、毎年5月14日の例祭の時だけ、「二礼八拍手一礼」をします。

その由来は天と地を結んで四方に開く、また東西南北を守護する神さまに敬意をはらう、四季の実りや恵みを祈願するともされています。

伊勢神宮では、神職の独特の作法として、「八度拝八開手」があり、四方を結んで八方に開くという意味があるとされています。

その他、多くの神社では「二礼二拍手一礼」ですが、この最初にする「二礼」にも意味があり、一礼を天津神に、もう一礼を国津神に対して敬意をはらって礼をするという意味が込められているそうです。

普段私たちが何げなくしている神社の作法にもこのような長い歴史と意味がたくさん込められています。

出雲大社神楽殿（島根県出雲市／朝日新聞社提供）

column

神さまにとって迷惑な人

神さまにとって迷惑になってしまうのは、次のような人たちです。

（1）神頼みだけで動かない人
（2）見当違いの願い事を願ってくる人
（3）神さまのことを知らずに礼儀のない人

（1）の「**神頼みだけで動かない人**」は、自分の持っているエネルギーを使わず、滞っているため、現時点で周囲に変化が起きるまでのエネルギーの循環が起きていない状況です。

神さまにお願いする時は、心構えとして、宣言しに行くという気持ちでいましょう。「神さま、どうにかこの状況を何とかしてください！」と願ったところで、その、「どうにか」が具体的に本人がイメージできないことを神さまは叶えにくいのです。

むしろ、その良くない状況がずっと続いてしまうことを、無意識に願っていることにもなるので注意が必要です。

(2)の「**見当違いの願い事を願ってくる人**」というのは、日本の八百万の神さまは、アミニズムにおける考えから専門性の高い神さまの集まりです。得意不得意があるのですね。なので、その神さまの祈りのエネルギーに沿った願いをしないと現実化しにくいといえます。

(3)「**神さまのことを知らずに礼儀のない人**」は、自分に置き換えて考えると分かりやすいですね。自分に何か頼み事をする人が、勝手に家のドアをノックもせずズカズカと土足で入り、「あれやっといて！」と一言述べて出ていく。そんな人がいたら不愉快ですよね。神さまにとっても同じこと。自分のことを好きでしたと、ちゃんと知っている人からの相談事は耳を傾けたくなるものです。

けして神さまをないがしろにせず、叶った際はちゃんとお礼をするなど日頃から**ちゃんと神さまたちと向き合っている姿勢を、大切にできる人は神さまから好かれることでしょう。**

いつも、『明るく、楽しく、元気よく』。
神さまとともに自分が生きることで神さまは喜ばれます。
たくさん笑って快活に、神さまライフをお過ごしくださいね。

水無月《みなづき》 6月

❖「父の日」は偉大な父・オオヤマツミに学ぶ
❖紫陽花の神さまに包み込まれ、癒される
❖神社で雨が降る時は神さまに歓迎されているチャンス
❖「茅の輪くぐり」で疫病除け、無病息災を祈る

水無月《みなづき》 6月

「父の日」は偉大な父・オオヤマツミに学ぶ

6月の第3日曜日は「父の日」ですね。
そんな「父の日」に結び付きたい神さまをご紹介いたします。

その神さまこそ、オオヤマツミ。
イザナギとイザナミの間に生まれ、イワナガヒメとコノハナサクヤヒメ姉妹の父である、オオヤマツミ。本来は山の神ですが、娘を愛する父としての一面を持つ神さまでもあります。

「弥生（3月）」のコノハナサクヤヒメのページでもご紹介したように、玉の輿を得た娘の喜びも、選ばれなかった娘の悲しみも、知っているオオヤマツミ。

両方を知る父親だからこそ、今の時代でも親子の関係に悩んでいる人にとって、**山のように大きい心で構え、寛大に相手を見守り、大変な時は、ともに成長する道を学べるよう教えてくださる神さま**であります。

オオヤマツミは、次のような方にピッタリの神さまです。

- 親子関係で悩みを抱えている方
- 心を安定させ、ゆるぎない心を持ちたい方
- 自分にとって大切なものを守りたい方

水無月《みなづき》 6月

紫陽花の神さまに包み込まれ、癒される

初夏を彩る紫陽花《あじさい》。

紫陽花には、婦人科系の病の魔を祓う働きがあるとされています。

梅雨のじめじめとした空気で、太陽が出ない日が続くと、幸せホルモンであるセロトニンの分泌が行われず、自律神経が不安定になり、気分まで暗くなりがちになります。

そんな気分さえ**優しく包み込み癒してくれるのが紫陽花**。

神社やお寺、街角などで見ることも多いでしょう。

私たちの心を癒してくれる紫陽花には、昔ながらの八百万の神さまの考えで、神さまが宿っていると考えられてきました。

6月には、神社やお寺で、紫陽花の催し物が開かれることも多くなるでしょう。引きこもりになりやすい時期だからこそ、実際にそういった神社やお寺に足を運ぶのも良いですね。

家では、紫陽花の花を切り、紙でくるみトイレに逆さにしてつるしておくと、婦人病にならないという言い伝えもあるそうです。

家族みんなが使うトイレ。トイレの神さまも紫陽花の神さまとともに、家族の健康を願って見守ってくださっているんでしょうね。

ちなみに、神社やお寺で紫陽花が多く植えられているのは、神社やお寺が山や丘など少し高い位置にあることが多く、斜面が多いので、梅雨の雨による土砂崩れなどを防止する観点でも、しっかりと根を張り管理もしやすい紫陽花が、大切に育てられていることが多いそうです。

梅雨の季節は、ぜひ紫陽花の神さまを感じられながら家族と温かくお過ごしくださいね。

紫陽花と鳥居

水無月《みなづき》
6月

神社で雨が降る時は神さまに歓迎されているチャンス

生きている以上、晴れの日もあれば、雨の日もあります。
特に梅雨の季節は気分が滅入りがちですね。

一般的にはお出かけの日に晴れたらラッキー、雨ならアンラッキーと思ってしまいますが、こと神社においては、一概にそうとはいえないのです。

神社には神さまをお祀りする本殿や拝殿があります。そして多くの神社では、そ

の本殿や拝殿の背後には「鎮守の森」と呼ばれる森があります。

実は神さまは夜が明けると、この鎮守の森より本殿にお出ましになられ、日が暮れると鎮守の森に戻られます。

この鎮守の森に神さまはいらっしゃり、鎮守の森自体が神さまであるということでもあります。

ということは、雨。雨は生命を育むもの。雨が降ることで森が育まれ、生命が育まれる。**雨が降るのは、神さまのエネルギーが増幅するということ**なのです。

神社で雨が降るのは、ある意味、神さまからの歓迎の印だと思い、その時間すらも味わうようになさってください。

水無月《みなづき》 6月

「茅の輪くぐり」で疫病除け、無病息災を祈る

6月30日は、夏越の祓。

各地の神社では、**「茅《ち》の輪《わ》くぐり」**が準備されます。

この風習は、厄除けの神さまの教えによって生み出されました。

あるとき旅の途中の神さまが一夜の宿を探していました。その際、その地域には裕福な巨旦将来《こたんしょうらい》と、貧しい蘇民将来《そみんしょうらい》という兄弟が暮らしていました。

兄の巨旦将来は、裕福にもかかわらず宿を貸すことを断り、蘇民将来は貧しいな

がらも、神さまをお迎えし、おもてなしに尽くしたそうです。

しばらくした後、神さまが蘇民将来のところにお礼がしたいと訪れた際に、神さまは、自分がスサノオであることを明かし、これから疫病が流行るときは、蘇民将来の子孫である証しに、「茅の輪」を身につけていれば助かるだろうと教え、「茅の輪」を腰のあたりにつけておきなさいといいました。

蘇民将来がその通りにしたところ。彼とその家族をのぞいて、他の人たちは、みな疫病によって滅ぼされてしまいました。

今でもスサノオとゆかりの深い神社では、「茅の輪くぐり」や「蘇民将来子孫也」と記された、疫病除けの護符を奉納したり、授かることができます。

疫病が流行っている昨今、こういった習わしをもとに、いろいろな対策を考えてみるのも良いのかもしれませんね。

column

鎮守の森と神さま

皆さまは、鎮守の森というのをご存じでしょうか？
神社には、本殿の後ろにほとんど必ずといっていいほど森があります。
その森こそが、「**鎮守の森**」といいます。

この鎮守の森というのは、神さまが寝静まられるところです。
普段神さまは、日が上ると鎮守の森より本殿にお出ましになられ、日が暮れると鎮守の森にお帰りになられます。

そういう意味でいうと、朝一番に参拝するということは、まだ、多くの人のエネルギーに触れる前の神さまにお会いできるのでおすすめです。

その逆に、日が暮れて以降は、神さまがいらっしゃらない時間帯なので、「魔」や悪いものが寄って来やすい時間帯となります。

それが**夜の参拝は注意が必要**といわれる由縁です。

ぜひ、参考になさって今後参拝されてみてください。

鎮守の森

稲につく雨の水滴

文月《ふみづき》

7月

❖恵みの雨をもたらす女神に感謝を伝える

❖雨が続き気持ちが落ち込む前に、お参りしたい神さま

❖「山開き」の意味を理解する

❖人生を変えたい人必見の神さまに願う

文月《ふみづき》
7月

恵みの雨をもたらす女神に感謝を伝える

梅雨は、農作物にとっては恵みの雨の季節。田植えの後にしっかりと雨が降ることで、稲は根を張り成長し、夏の暑さにも負けずに乗り越えていくことができます。

とはいえ、毎年雨がちょうどよく降ってくれるとは限りませんよね。台風などで降り過ぎても洪水などの水害を招き、降らな過ぎても水不足で生活に支障が起こります。

そこで日本では、古くから水の神さまにお願いをしてきました。雨が降るようにと願うことを「祈雨」、止むように願うことを「止雨」といい、**女神のミツハノメノカミと龍神タカオカミノカミの2柱が、雨の神さまとして、代表的な神さまです。**

ここでは、ミツハノメノカミをご紹介します。

ミツハノメノカミは、イザナミが大やけどを負いながらも、火の神・カグツチを産む際に出た、尿から生まれた神さまです。

ちょっとビックリするかもしれませんが、こうした排せつ物も、土にまけば土壌の肥やしになることから、新たな命を生むものとして大切にされてきた背景があります。

実際に、今でも馬ふんなどの家畜の排せつ物を微生物の力で分解し、堆肥として土に混ぜ、元気な植物を育てるために使われています。

ミツハノメノカミの「ミツハノメ」は、水がはう様子、または水が流れるという意味があり、水が土の上を流れることによって、栄養と潤いを与え、豊かな土地となり、農作物に恵みをもたらすとして大切に祀られてきました。

ミツハノメノカミが祀られているのは、古くから朝廷によって、祈雨・止雨の祈願が行われてきた、奈良にある丹生川上神社が代表的な神社です。

食糧危機が心配されるなか、こういったミツハノメノカミのような、私たちの知らないところで生活を見守ってくださっている神さまにも、ごあいさつや日頃の感謝を伝えていきたいものですね。

田植え

文月《ふみづき》
7月

雨が続き気持ちが落ち込む前に、お参りしたい神さま

さて、ミツハノメノカミの次は、雨の神さまで代表的な2柱のうちのもう1柱、龍神・タカオカミノカミをご紹介します。

京都にある貴船《きふね》神社で祀られていることで有名な**龍神・タカオカミノカミは、雨ごい信仰の中核を担う神さま**です。

貴船神社自体は、全国に300社以上あるとされています。

火の神・カグツチを斬ったときに生まれたとされる神さまで、漢字にすると、「高龗」。この「高」は、高い峰・天という意味で、「龗」は水をつかさどる龍神を意味します。

タカオカミノカミは、クラオカミノカミ（闇龗）と同一神または、対の神とされ、通称オカミノカミ（淤加美神）として祀られている場合もあります。

このクラオカミノカミの「闇」には、緑がうっそうと茂る谷の意味があり、2柱を合わせると……、山に降った雨がやがて谷を下って川となり、野を潤すといった解釈ができます。

よって、農作物を作るうえでミツハノメノカミさまと同様に、**私たちの食を支える大切な神さま**として今も篤く信仰をうけているのです。

雨が続き気持ちが落ち込む前に、こうした神さまのもとへ足を運びお気持ちを伝えられてみてくださいね。
きっと、今か今かと神さまも待っておられますよ。

文月 7月 雨が続き気持ちが落ち込む前に、お参りしたい神さま

貴船神社の参道(京都市左京区／朝日新聞提供)

文月《ふみづき》

7月

「山開き」の意味を理解する

7月は、各地で「山開き」が行われる時期です。
登山をすることがない方でも、この山開きという言葉を、ニュースなどで耳にしたことのある人も多いかと思います。

山開きは夏の行楽シーズンを知らせるイベントと思われがちですが、もともとは山岳信仰に由来する神事です。

かつて富士山などの神聖視されている霊山には、山伏《やまぶし》や修行僧しか立ち入ることができませんでした。

しかし一般の人々も山に登り、神さまを近くに感じたいと願うようになり、**夏の一定期間だけ信仰行事として、登山することを神さまに許してもらう山開き**をするようになったのです。

日本一高い富士山は、毎年20万～30万人もの登山客が、コノハナサクヤヒメを祀る富士山頂上を目指し登ります。

ここで神さまにごあいさつできるのは、わずか2カ月ほど。

例年、7月から順次、ルートによって山開きが行われるそうです。

安全を考慮した上で、各地の山で自然と触れ合う機会がもっと増えて、多くの人が楽しむことができるといいですね。

文月《ふみづき》
7月

人生を変えたい人必見の神さまに願う

7月の第3月曜日は「海の日」です。そこで、海の神さまとしての顔も持つ、須《ス》佐《サ》之《ノ》男命《オノミコト》をご紹介しましょう。

天照大神、ツクヨミと並んで「三貴子」と称される「海の神」であり、「人の運命を変える神」スサノオは、天上界高天原でやりたい放題をした挙げ句、追放された先の地上界で、怪物ヤマタノオロチを倒し、英雄になりました。

そこから分かるように、「人生を変えたい！」「今の自分を変えたい！」と思う人

に、最大のエネルギーを授けてくださいます。

荒くれ者のイメージがありますが、クシナダヒメと結婚後は、オオクニヌシと娘のスセリビメに、ともに協力し成長させるための試練をあえて与えるなど、実は常に誰かを思い、周囲を思って生きてきた、**強さと優しさにあふれた、バランスの良い万能の神さま**なのです。

スサノオは、嵐をつかさどる神さまでもあります。人生が変わるときには、嵐に出会ったような激動が待っていることもありますが、その激動の先には、必ず大きな変化と穏やかな人生が待っています。

スサノオは、次のような方にピッタリの神さまです。

- 自分を変えて善き方向へ好転させていきたい方
- 誰か、何かを守るために頑張りたい方
- 自分の思いを叶える強さが欲しい方

column

伊勢神宮の式年遷宮の謎

「一生に一度はお伊勢参りへ」と言われるほど、昔から人々に篤く信仰され続けている伊勢神宮ですが、実は、伊勢神宮の歴史は古くても、建物自体は広島の厳島神社や滋賀の日吉大社のように、国の重要文化財である「国宝」とはなっていません。

というのも、**伊勢神宮には「式年遷宮」といって20年に一度、社殿を定期的に造り変えるお祭りがあります**。そのため、国宝に指定されると社殿を維持しなければならなくなり、式年遷宮が行えなくなるため指定から除外されているそうです。

式年遷宮とは、1300年も続く神宮最大のお祭りで、20年に一度宮どころを改め、天照大神をはじめとした神さまたちに、新宮にお遷《うつ》りいただくお祭りのことをいいます。

その始まりは690年、41代持統天皇が即位するにあたり、先代の天武天皇が発案したと『太神宮諸雑事記』に記されておりますが、20年に一度行うとした理由はどこにも記されていない、謎が残されているお祭りでもあります。

現代言われている説には、主に3つあげられますが、どれも昔の日本人の思想が根底にあり、大切に守っていきたい神社だからこそ式年遷宮が行われているということがうかがえます。

(1) 宮大工による建築技術や神宝の製造技法を、後世まで絶やさないための技術継承を目的としている。

（2）伊勢神宮のように、地面に直接柱を立てる建築物は、木材の劣化や腐食などにより寿命が短いので遷宮が必要。

（3）常若の精神によるもので、どんなに立派に立てた神社でも、時がたてば必ず朽ち、劣化を放置すれば穢れもたまるため、定期的に建て替えることによって、蓄積された穢れを祓い、神さまにも若返ってもらおうという精神の現れ。

社殿や神宝を新調することで、国家全体の穢れを祓って、より栄えた状態を維持することができるという思想が、昔の人々にはあったのかもしれませんね。

まさに、「古きを知り、新しき時代を築く」、これからの時代に知っておきたい考え方ですね。

永遠に変わらないお祭りが行われることに大きな意義があるとされていますが、最近では、2013年に62回目が古式のままに行われました。

次の式年遷宮は、2033年に行われる予定です。

私は毎年1月に伊勢神宮に行くようにしていますが、ぜひ皆さまと一緒にお参りしたいですね。

式年遷宮で建て替えられた伊勢神宮内宮の新社殿（三重県伊勢市／朝日新聞社提供）

上高地（長野県松本市）

葉月《はづき》

8月

❖「山の日」は富士塚に登頂してご利益を！
❖水をつかさどる女神に穢れを祓ってもらう
❖海の季節は、釣り竿を持ったあの福の神とつながる
❖夏休みはカッパを思い出して、水にご注意を！

葉月《はづき》 8月

「山の日」は富士塚に登頂してご利益を！

8月11日は「山の日」。
そこで、ここでは富士山にまつわるお話です。
富士山といえば、あなたの住む町にも、**「富士塚」**や**「富士見坂」**など富士山を模したところがないでしょうか？
江戸時代、人々の間では、富士山が超大人気のパワースポットでした。その人気たるや、江戸市中に集団登山するための組織が多数でき、その多さは「八百八講」とうたわれたほどだったそうです。

しかし、富士山登頂は、体力のない老人や女性、子どもには到底耐えられるものではありません。そこで生まれたのが富士塚です。

その再現性はとても高く、富士山近辺から運んできた溶岩や土を運んで築いた、ミニチュア版の富士山といえるものでした。

今のように、トラックやダンプカーがあるわけではないですから、その労力は、はかり知れませんね。

このミニチュア富士に登れば、**本家の富士山に登るのと同じご利益が得られる**ともいわれており、品川神社境内をはじめ、数多くの富士塚が今も残っていて、訪れる人々を楽しませています。

関東・東海地方には富士見坂も多数存在しており、かつての人々が富士山に抱いた思いは、地名となって、しっかりと残っています。

富士山の神、コノハナサクヤヒメは、たくさんの人々から愛されてきた神さまなのでしょうね。

葉月 8月 「山の日」は富士塚に登頂してご利益を!

十条冨士塚（東京都北区／朝日新聞社提供）

葉《は》月《づき》
8月

水をつかさどる女神に穢れを祓ってもらう

8月は海や川など、水にまつわる場所にお出かけになる方も多いと思います。そこでご紹介するのが、「水の神さま」。三貴子と並んで「伝説の女神」として有名な瀬織津姫《せおりつひめ》です。

『ホツマツタヱ』と大祓詞《おおはらえのことば》のなかにだけ登場する神にもかかわらず、現代でも、瀬織津姫のことだけが書かれている本が出るほど人気の高い神さまです。

諸説ありますが、力が大きかったため、歴史のなかに「葬り去られた謎多き神」

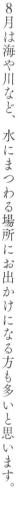

葉月 8月

水をつかさどる女神に穢れを祓ってもらう

ともいわれるこの神さまは、実は、この地球の生命の始まりである「水」をつかさどる女神です。その水の力によって、私たちの身についた穢れを根こそぎ祓う「祓いの女神」として、ご利益を授けてくださいます。

神道の考え方として、人間というものは、生まれながらにして素晴らしいものです。ただその素晴らしい人間が、「穢れ＝気枯れ」に包まれることによって罪を犯してしまうという考え方があります。

そこで、知らず知らずのうちに身につけてしまった穢れを祓い、赤ん坊の心のような「0」に戻してくださるのが、この瀬織津姫なのです。

瀬織津姫は次のような方にピッタリの神さまです。

・常にある不安を消し去り安心したい方
・体が疲れやすく気分が落ち込みやすい方
・新生活や新しい環境で挑戦する方
・やり直したいこと、仕切り直しをしたい方

葉月《はづき》
8月

海の季節は、釣り竿を持ったあの福の神とつながる

七福神の1柱で、福の神えびすは釣り竿を持っていますが、コトシロヌシも『古事記』によると、国譲りの争いの最中に、のんびり釣りをしていたという記述があり、そこから「コトシロヌシ＝えびす」といわれています。

ちなみにコトシロヌシはオオクニヌシの長男であり、オオクニヌシも七福神の大黒天と同一視されており、そこからオオクニヌシとえびすが親子という説もあります。

福とはまず自分からたくさんの人を幸せにすることで、巡り巡って、自分に返ってくるものです。ぜひ「**たくさんの人を幸せにしたい**」**と願う方は、コトシロヌシを信仰**なさってください。

また、コトシロヌシは、言葉をつかさどる神さま。文章や言葉を伝える仕事の人、普段の言い過ぎ、話し過ぎを反省している人など、これから言葉を大切に扱っていきたい人もつながるといい神さまです。

コトシロヌシは、次のような方にピッタリの神さまです。

- 金運を上げたい方
- みんなを幸せにできるようになりたい方
- 何があっても動じない心を得たい方
- 相手に思いを伝えたい方

葉月《はづき》
8月

夏休みはカッパを思い出して、水にご注意を！

カッパが川や池などに住んでいるという言い伝えは、柳田國男《やなぎたくにお》が記した『遠野物語』にも登場しています。

こういった妖怪の話は、どうも昔の人の妄想話のように感じてしまいますが、全国各地にカッパの話が残されているので、今では絶滅してしまったけれど、本当にいた生き物だったのかもしれない……、という想像もできますよね。

カッパと聞いて、頭に平たい皿、手足には水かき、背中には甲羅を背負った、子どものような姿をしていると想像する人も多いことでしょう。

一緒に水遊びをしたり、相撲をとったりと、かわいらしい面もありますが、人や馬などを川に引きずり込もうとする、イタズラ者の面も持ち合わせています。

そのため、悪い側面を強調すると、人々に害を与える存在＝「妖怪」となってしまいます。

しかし実は**カッパは、川や池などの身近な水場の危険を教えてくれる「水の神さま」として祀られている**こともあるの

遠野のカッパ淵(岩手県遠野市)

です。

子どもたちは夏休み、大人も夏季休暇にお盆と休みに入ると、年々増していく夏の暑さから、涼むために海や川に行く機会も多くなることでしょう。

そんな時は、ぜひここでご紹介した、夏の水遊びの楽しさと危険を教えてくれる神さまであるカッパのことを思い出しながら、安全に気をつけて楽しんでくださいね。

column

鳥居の秘密

ここでは、皆さまが神社を訪れた際にくぐる鳥居の秘密をお話ししましょう。

まず、鳥居の役割は、**神さまのいらっしゃる神社と私たちの住む人間界を分ける働き**と、**神さまの神聖な土地に魔の力が入らぬように守る結界の働き**をしています。

鳥居の色が、朱色が多いのもこの魔除けの意味が込められています。

稲荷神社に多くある鳥居もそうですが、太陽の色として稲が良く育つよう、そして、私たちの体に流れる血の色、生命力・活力を象徴する色として彩られているのです。

また、鳥居の形は日本神話に出てくるアマテラスさまが、天岩戸にお隠れになった際に、外の世界に出て来てもらえるよう、神さまの使いである鳥が止まれるよう、

止まり木を用意したのが由縁です。

このように、鳥居一つをとっても、さまざまな意味が込められて建てられているのです。

一礼をして鳥居を通るのも、神さまのご神域に入らせていただく大切な礼儀ですので心を整えた状態で行うよう心がけていただければと思います。

長月《ながつき》

9月

❖新学期のスタートは、「すべての始まりを告げる神」に頼る

❖夏バテから復活させてくれる、そうめんの神さま

❖「重陽の節句」「敬老の日」に不老長寿の神さまを訪ねる

❖秋祭りに神器の意味を知り、神さまを身近に感じる

長月《ながつき》
9月

新学期のスタートは、「すべての始まりを告げる神」に頼る

新学期のスタートである9月。そんな季節にとても合う神さまが、瀬織津姫の夫神であるといわれている、ニギハヤヒです。

ニギハヤヒの本名は「天照国照彦天火明櫛玉饒速日尊」(長い!)。その正体は「速日=早い日(火)」という文字から、「隕石の神」ではないかといわれており、地球がかつて6000度以上の高温の星だったはるか古代に、隕石が幾度も衝突し、そこに含まれていた水分(瀬織津姫)が、今の地球の生命の基礎を

作り上げていったのではないかとされています。

そこから分かるように、このニギハヤヒさんは、「**すべての始まりを告げる神**」であり、何か新しい物事を立ち上げる時に、絶大な力を発揮してくださいます。

瀬織津姫さんに続き、この神さまも謎が多く語られているので調べて見ると楽しいかもしれませんね。

ちなみに9月12日は「宇宙の日」ということで、時期的にもよいタイミング。

ニギハヤヒは次のような方にピッタリの神さまです。

・リーダーシップを発揮したい方
・何か新しいことを始めたい方
・自分を変えて幸せをつかみたい方
・思い通りの人生を歩みたい方

長月《ながつき》
9月

夏バテから復活させてくれる、そうめんの神さま

残暑もあり、夏バテを引きずって食欲が落ちやすい時期。
私たちの胃の救世主「**そうめん**」**にも、なんと神さまがいらっしゃいます！**

そうめんの神さまの姿を表すお話があります。

あるところに大変美しい娘がおり、ひとりの若い男性が夜、娘に会いに通って来るようになります。

夏バテから復活させてくれる、そうめんの神さま

やがて、娘は子を授かりますが、結婚をしていなかったため両親が心配し相手を知ろうとします。

男性がやってきたら、麻糸を通した針を相手の着物の裾に通し、明るくなってから後をつける計画となりました。

そうして、明るくなってから糸の行方を見てみると、なんと、戸の鍵穴を通って外へと続いているのです。

さらに糸をたどっていくと、奈良の三輪山にある神の社へ到着。

夜にだけ姿をあらわす素敵な男性の正体は、三輪山に住む神さま、オオモノヌシだったそうです。

鍵穴を通るほどスラリと細長く姿を変えられるオオモノヌシと、その子孫である、大神穀主《オオミワノタネヌシ》が、そうめん作りを初めてしたと伝わっています。

よって、そうめんを作る人々は、オオモノヌシと大神穀主をそうめん作りの神さまとして篤く信仰してきました。

長月《ながつき》

9月

「重陽の節句」「敬老の日」に不老長寿の神さまを訪ねる

9月は、「重陽《ちょうよう》の節句」に「敬老の日」など不老長寿を願う催しが多くあります。神さまでいうと、七福神で有名な幸福と長寿の神「福禄寿」と、無病息災と延命長寿の神である「寿老人」が有名です。

この神さま方は、中国の道教が由来の神さまで、日本には禅宗とともにいらっしゃった神さまです。

他にも神さまの名前をあげたらきりがないのですが、今回皆さまに知っていただきたい**不老長寿の神さま**がいらっしゃいます。

その方は、300歳近くまで生きたとされる日本で最初に「大臣」になった伝説上の人物で景行天皇、成務天皇、仲哀天皇、応神天皇、仁徳天皇と200年以上にわたって5代にわたる天皇にお仕えしていた「武内宿禰《たけのうちのすくね》」です。

「300歳⁉　どういうこと？」という声が、今にも聞こえてきそうですね。

一説によれば、代々孫たちが世襲制によってその名を引き継いだ、ともされているようですが、主君によく仕える理想的な家臣として、また、長年にわたるその功績から今では神さまとして祀られるようになりました。

武内宿禰は、一途に応神天皇（八幡神）に仕えたということで、全国各地の八幡神社の境内に武内宿禰を祀る「高良社」があります。

あなたやあなたの周りの大切な人の健康的な長寿を願って、ぜひ武内宿禰のもとを訪れてみてくださいね。

長月《ながつき》 9月

秋祭りに神器の意味を知り、神さまを身近に感じる

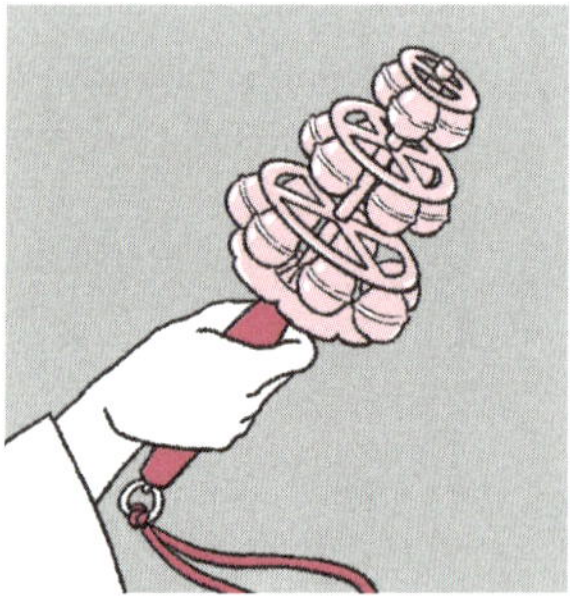

9月は秋祭りの季節。
祭事で使われる神器の意味を知ると、それらの祭事が、どのような願いのもと行われているのか分かり、神さまを身近に感じるきっかけにもなるのでご紹介していきます。
ここでは、「神楽鈴」について説明します。
神楽鈴は別名、「巫女鈴」「三番叟鈴《さんばそうすず》」ともいい、たくさん実をつける様を表現す

る「鈴なり」の語源ともなっている神器です。

三段の輪状に下から7個・5個・3個の、**縁起がいいとされる「七五三」の鈴**がつけられており、**その音には「邪念を祓う力」**があるとされています。

鈴の形には、実りや生命の象徴としての意味があります。

主に巫女さんが神楽を舞うときに、手に持ち鳴らしていますが、その鈴の清らかな音色で神さまをお招きし、これから祈禱《きとう》を申し上げますという、神さまへの合図のような役割もあるのです。

神楽鈴とは、邪念を祓い、我々だけでなく神さまの心をもひきつける効果がある大切な神器なのです。

神社にいなくても神さまを身近に感じたい時、邪念を祓いたい時は、鈴の音を用いてみてくださいね。

column

「祝詞」と「お経」の違い

神社に行ったことのある方ならご祈禱の際など、「祝詞」を宮司さんが読み上げているのを見たことあるのではないでしょうか。

日本では、言葉に魂が宿るという「言霊《ことだま》信仰」が信じられてきました。そのため、良い言葉を発すればよい出来事が引き寄せられ、逆に忌み嫌われる言葉を発すれば厄災を招くというような、一種の呪文のような力があると考えられています。

言葉を発して唱える行為でも、神社での祝詞とお寺のお経とでは、大きく性質が異なります。

神道で行われている祝詞は、**神さまを崇める内容の言葉を、神さまの前で読み上げ、ご加護やご利益を願う**のに対し、仏教で行われているお経は、**仏の教えを説いた経典を読み上げ**ています。

祝詞の「のり」は、述べるという意味の他に、神が乗る、すなわち神が乗り移り発している言葉という意味もあり、神の霊力が込められているともされています。

祝詞は、人々が神々へ感謝や願いを伝えるという、対話の手段だけではなく、大いなる神が人に宿り、神霊による守護が働く瞬間なのかもしれませんね。

神仏習合により「神道」と「仏教」は、ひとくくりにされましたが、もともとの教えやとらえ方、しきたりが違うにもかかわらず、神さま、仏さまのどちらも大切にできる日本人は、忠実で柔軟に動ける国民性を持っているということがうかがえます。

騙《だま》されやすさには、気をつけた方がいいかもしれませんが、素直に動けることは人や神さまからも愛される秘訣《ひけつ》ですね。

神《かん》無《な》月《づき》

10月

❖「体育の日」は、勝負事の神さまに願う

❖メガネの神さまに会いに行こう!

❖稲の穂が実る季節はお稲荷さんにお参りを

❖紅葉を眺めながら「オオカミ」に護っていただく

神無月《かんなづき》 10月

「体育の日」は、勝負事の神さまに願う

1964年の東京オリンピック・開会式が行われた10月10日は「体育の日」。ここでは、そんなスポーツ日和にピッタリの神さまをご紹介します。

「天上界最強の武神」タケミカヅチは、その功績から、**勝負事の神さま**として祀られています。勝負事にもさまざまありますが、忘れてはならないのが、タケミカヅチは天上界と地上界の国譲りの争いの際に、奥の手として登場したということです。

奥の手とは、「ここ一番」ということ。日々の鍛錬や修練を積み重ね、ここ一番、日々の成果を出し切って絶対に勝ちたいと思ったその時に、タケミカヅチに力を借りると、必ず大きな力を貸してくださいます。

また、タケミカヅチが武力を行使したのは、最後の最後だけであり、それまでは交渉ですべてを乗り切っていることから、**交渉事に挑む際にもご利益を与えてくださる神さま**でもあります。

交渉の際、応戦してきたタケミナカタを投げ飛ばしたことから、相撲の祖とされ、スポーツの神さまともいわれています。

タケミカヅチは、次のような方にピッタリな神さまです。

・プレゼンやコミュニケーション能力をアップさせたい方
・自分軸をしっかりと作りたい方
・ここ一番の勝負で何としても勝ちたい方
・スポーツで活躍したい方

10月 神無月《かんなづき》

メガネの神さまに会いに行こう！

10月1日は、「1001」と表せるので、これがメガネの形（「1」はメガネのツル、「0」はレンズ）に似ているので、「メガネの日」だそうです。

さて、視力が悪い人の必須アイテム！「メガネ」。

そんな**メガネにも神さまがいらっしゃいます。**

その神さまは、天岩戸開きの際にご活躍された神さまで、三種の神器の1つ、

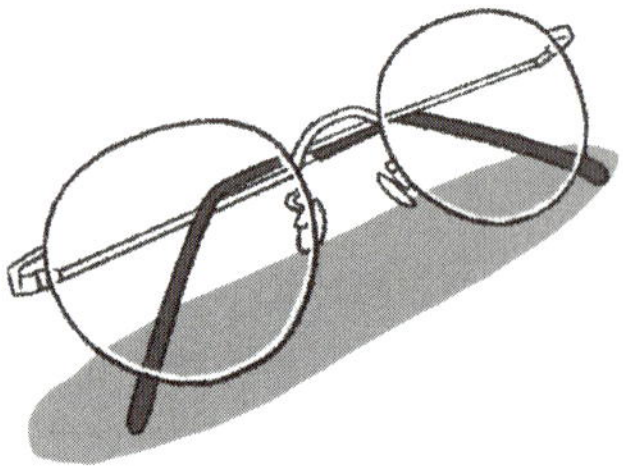

「八尺瓊勾玉《やさかにのまがたま》」をつくったとされる勾玉の製造神・タマノオヤです。

メガネのレンズ部分を「玉」と言っていたことが由来して、タマノオヤを祀る山口県・玉祖《たまのおや》神社には、メガネ業者が参拝したり、古く使われなくなったメガネフレームの供養をする「玉の祭」が行われたりしています。

今風に取り入れるとしたら、コンタクトレンズの神さまでも良さそうな気もしますね。

そしてこのタマノオヤは、身につけて着飾るための宝である勾玉を作ったことから、宝石の神さまとして宝石・ジュエリー業界の方々からも信仰されている神さまでもあります。

ハンドメードアクセサリーを作る人、宝石が好きな人、メガネにお世話になっている方はタマノオヤに会いに行ってみてくださいね。

神無月《かんなづき》
10月

稲の穂が実る季節は
お稲荷さんにお参りを

神社の動物として、狛犬《こまいぬ》に次いでメジャーな狐。

狐は、稲荷神のご眷属（つき従う者）としていらっしゃいます。

稲荷の神さまは、穀物などの五穀豊穣をつかさどる神さまです。その大切な穀物を食べ散らかすネズミを捕食することから、狐がご眷属とされたそうです。

また、**狐の毛色やしっぽが秋に実った稲穂に似ていることからも、五穀豊穣を彷彿させ縁起がいい**とされています。

神社によく奉納されている狐の置物などは、白狐が多いと思います。

実は、この「白」というのは「透明」という意味があり、「透明で人には見ることができない狐」として「白狐」が祀られています。

神さまも白狐さまも透明で、人の目には見えない存在だけれど、ちゃんとそれぞれの役割を果たし、見守っていることに我々が気づいて感謝でき、手を合わせやすいように表してくれているようです。

稲荷神社に鳥居が連なり多いのは、それだけ人の願いが「通る」、または、「通った」「叶った」というお礼の意味から、鳥居を感謝のしるしとして奉納することが、江戸時代以降に広まった由縁があるからだそうです。

稲荷神社は、全国で一番多い社とされています。きっと、皆さまのお住まいの地域にもありますので参拝されてみてはいかがでしょうか。

神無月《かんなづき》
10月

紅葉を眺めながら「オオカミ」に護っていただく

秩父神社・宝登山《ほどさん》神社とともに、秩父三社の1社といわれる三峯《みつみね》神社は、今では関東有数のパワースポットとしても有名です。

特に秋の紅葉がすばらしく、ぜひ訪れていただきたい神社です。

景行天皇（第12代天皇。ヤマトタケルの父）の御世、ヤマトタケルが東征中、雁坂峠を出た時に濃霧によって道に迷いました。そこにオオカミが現れ、後を着いていくと霧が晴れ、現在の三峯神社のある山にたどり着いたという由緒があります。

そこでヤマトタケルはイザナギノミコト・イザナミノミコトを祀り、オオカミは三峯の神の使い「眷属」（つき従う者）になったといわれています。

ゆえにオオカミは、三峯神社では「御眷属様」と呼ばれ、通常鳥居などの横にある像は狛犬ではなくて、オオカミの像が祀られています。

知る人ぞ知る話ではありますが、この三峯神社では社務所で手続きをすれば、「眷属拝借」といい、「御眷属様」の護符を1年間レンタルすることができます。

その「**御眷属様**」**のオオカミは、レンタルした人を一年間護《まも》ってくださいます。**

ぜひ皆さまも、一度されてみてはいかがでしょうか？

column

神さまとおみくじ

神社に訪れたことのある方なら一度は引いたことのある「おみくじ」は、古来、**神さまの意志を問う祭具**として重要視されてきました。

最初の頃のおみくじは、複数の「短籍《たんざく》」と呼ばれる紙に選択肢を書いて折りたたみ、神さまに祈りをささげた後、その中から1枚の紙を手に取る方法で使われてきました。

これは、『日本書紀』にも記載が残っており、7世紀半ばの時代に皇位継承を「短籍」で占っていたと記述が残されています。

そんな例がまだまだあります。

鎌倉幕府のトップである北条泰時は、鶴岡八幡宮でおみくじを引いて、次期天皇を決めたり、室町幕府第6代将軍・足利義教にいたっては、おみくじで選ばれた経緯により「くじ将軍」とも呼ばれていました。

現在でたとえるなら、総理大臣や議員、会社でいうなら社長をおみくじで決めていたようなものです。

そんな大切な国の決め事を、おみくじで決めてしまって本当に大丈夫なの？　と、今を生きる私たちには思えてしまいますが、これらは、先述したとおり、「神さまの意志を問う」ことが目的であり、**大事な決め事だからこそ、自分たちが普段から崇め奉り、大切にしている神さまに意見をいただくことのほうが、人として守るべき正当な理由である**と考えられていたのです。

「本能寺の変」を起こした明智光秀も、自身の反逆行為に、神の許しを得たという正当な理由、大義名分を得るために、京都にある愛宕《あたご》神社で「大吉」が出るまで、おみくじを引き続けたといわれているほどです。

このように昔は、神さまと人々との距離が今よりずっと近い存在で、大切にされていたのです。

霜月《しもつき》

11月

- 「神在月」には、「縁結びの神さま」に人生の縁をたくす
- 出雲由来の神さま「地上最強の武神」にパワーをいただく
- 七五三の家族を見かけたらお祝いを
- 酉の市の熊手に呪物の意味を考える

霜月《しもつき》
11月

「神在月」には、「縁結びの神さま」に人生の縁をたくす

旧暦の10月（現在の11月）は、出雲では「神在月」とされ、全国各地の神さまが集まってくる時期です。

出雲大社のご祭神であり、**「縁結びの神さま」**として有名なオオクニヌシは、かつてこの国をつくった、「日本史上初の王」でもありました。そこから天上界の「国譲り」の争いが起き、オオクニヌシは国を譲ることを承諾。自身は天照大神の指示により、**「見えない世界＝縁」をつかさどる、幽冥界の神**として君臨することとなっ

たのです。

「縁の人」といっても、それは恋愛に限りません。仕事や家庭、生きること、そのすべてには、人と人との縁があり、縁に恵まれ縁に支えられることで、私たちは幸せな人生を築いていくことができます。

目の前の出会いに必然性を感じ、その一つ一つに感謝をしたとき、そこではオオクニヌシがほほ笑み、さらなる良縁を授けてくださいます。


オオクニヌシは、次のような方にピッタリの神さまです。
・良好なパートナーシップを築きたい方
・仕事や友人関係に恵まれたい方
・転職や住む環境の変化などに適応する力を上げたい方
・新しく何かを作り上げたい、生み出したい方

霜月《しもつき》
11月

出雲由来の神さま「地上最強の武神」にパワーをいただく

タケミカヅチとの国譲りの争いの際に、最後まで抵抗したのが、オオクニヌシの次男であり、**「地上界最強の武神」であるタケミナカタ**です。

結果はタケミカヅチに敗れはしたものの、守りたいもののために戦ったその強さに偽りはありません。

また同じ武神でありながらタケミカヅチとは違い、このタケミナカタは敗れた悔しさを糧に、リベンジを果たす人に大きな力を授けてくださいます。

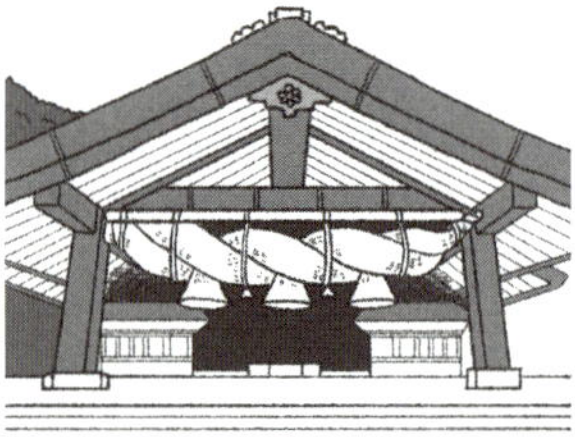

勝負に負けた情けない神さまとして思われることが多いですが、タケミナカタの力が強すぎたために封印されたという見方もある、力の大きな神さまです。

タケミナカタは、次のような方にピッタリの神さまです。

・覚悟を持って自分を変えたい方
・守りたいものがある方
・ライバルに勝ちたい方
・自分の可能性をもっと信じたい方

霜月《しもつき》 11月

七五三の家族を見かけたらお祝いを

11月は、七五三の季節ですね。
この季節の神社を訪れると、華やかな衣装を身にまとった元気な子どもたちと、それをお祝いするご両親、おじいちゃん、おばあちゃんのほほ笑ましい光景に毎回癒されます。

七五三は、女の子が3歳、7歳。男の子が、地域によっては3歳も含まれるそうですが、一般的には5歳という習わしがありますよね。

その年齢や性別の違いは、一体なぜ生まれるのでしょうか。また、どのような意味が込められているのでしょうか。

七五三のお祝いの文化は平安時代から始まりました。

3歳の女の子が主に執り行う「髪置きの儀」。

昔の武家では、男女ともに子どもは髪を短く剃っていたそうです。それを、髪を伸ばし始める3歳頃に儀式として行っていました。

七五三祝の絵馬

5歳の男の子が主に執り行う「袴着の儀」。
平安時代では、5~7歳は、男の子が初めて大人のように袴を着始める時期だったそうです。それが、江戸時代に入ると5歳のお祝いとして儀式を行うようになりました。

7歳の女の子が主に執り行う「帯解の儀」。
鎌倉時代、9歳の男女に大人と同じように帯を結ぶ儀式が始まりました。それが、江戸時代に入り、5歳は男の子、7歳は女の子と変化していき、庶民の間でも現代のような「七五三」として定着するようになりました。

現代と違い、昔は小さな子どもが亡くなることも多かったため、子どもが元気で健康に成長するということは、とても幸運なことでした。今もなお、この七五三の文化が大切にされているのは、**親や家族が子どもの健やかな成長を祈り、感謝する大切な時間**だからでしょうね。

七五三の家族を見かけたらお祝いを

神社仏閣で七五三参りを見かけた際は、皆さまもぜひ、「おめでとう」の言葉を添えて、喜びを分かちあい、お祝いしてあげましょうね。

神さまたちもそんな愛の和が広がることを喜ばれておりますよ。

霜月《しもつき》
11月

酉の市の熊手に呪物の意味を考える

呪物と聞くと一見、あまり良くない印象を覚える方もいるのではないでしょうか。

その印象は、この豆知識で一転するかもしれません。

というのも、呪物とは「**特別な霊力が宿ると信じられているもの**」をさしているため、本来、それを持っていると厄災が避けられ、幸運をもたらすものともされています。

そのため、私たちにも身近な、神社やお寺でいただける護符やお守りなども、大きなくくりでは呪物なのです。

11月の風物詩・**酉《とり》の市で販売されている商売繁盛を願う熊手**、神社の絵馬、縁起物の招き猫などは、人々がそれらに込めた思いにより、呪物といえます。

呪物と聞いて悪い印象を覚えるのは、そのものを持っていることによって、悪いことが招かれたというネガティブな話を見聞きすることによって印象づけられていることが多いからなのかもしれません。

あなたの周りにも幸せを願っていただいた呪物はありませんか？
神社やお寺でいただくものは、厄災を避けたり、幸運をもたらすものですので、ポジティブにご活用くださいね。

column

神は人の敬によりて

鎌倉幕府の基本法典「御成敗式目」の第一条には、「神は人の敬《うやまい》によりて威を増し　人は神の徳によりて運を添う」という言葉があります。

この言葉は、「いかなる神さまも人々の崇敬をうけてこそ、そのご威光を輝かすのであり、御神威を高めるのは人の敬う力である。人が人としての運、人としての生命を与えられるのは、神様の徳によってである」という意味です。

この言葉をもとに考えると、神さまは人の願いを叶えることで、人に感謝され、その感謝のエネルギーが集まることで、神さまはより偉大な神さまへと進化されていきます。

では逆説的に考えると、どのような状況になると、人は神さまに感謝するのでしょうか？

それは神さまが願いをポンッと叶えてくれた時、と思ってしまいがちですが、それは本質的な感謝にはつながりません。どちらかというと、「ラッキー！」という言葉で終わってしまうのです。

人が何かに感謝をする時、それはそこに「成長」がある時なのです。

神さまに願いを届けて、その願いに向かうことで必要な経験をして、時に壁を乗り越えて、その過程でより大きく成長していく。本質的にはそこで「感謝」が生まれるのです。

そのように考えると、神さまがどのようにして願いを叶えてくれるのか、その法則が分かってくると思います。

願いを届けた後に出会う人の縁、起きる出来事、そこにある意味をつぶさに見ていきましょう。必ずそこには神さまの意思があると思います。

師走《しわす》 12月

❖年神さまを家にお迎えする準備をする
❖年末はトイレの神さまに感謝して掃除を行う
❖門の神さまを意識して注目してみる
❖一年の節目に神さまの息吹を感じる

師走《しわす》 12月

年神さまを家にお迎えする準備をする

正月の神さまがいらっしゃるのはご存じでしょうか？

12月13日は、「正月事始め」といい、各神社やお家で正月の神さまをお迎えする準備を始める日として、昔からこの日に「すす払い」や「大掃除」を始めるところが多いようです。

すす払いなどの年末の大掃除は、神さまをお家に招き入れるための下準備です。

この正月に来てくださる神さまの名前は、「御年神さま」「大年神さま」と呼ばれ五穀豊穣の神であり、時を動かす神さまでもあります。

この年神さまを家にお迎えするにあたり、準備するのが門松・しめ縄・鏡餅などの正月飾りです。**門松は、神さまが降りてくるときの目印**としてあり、家に邪気が入らないためにたてられています。

締め縄は、年神さまを迎えるにふさわしい神聖な場所を表す印としてあります。

鏡餅は、昔の鏡の形に似ていたため名前に鏡とつき、昔から鏡は神さまの依り代として大切にされてきたものです。

丸い形には、**家庭円満、重ねた姿には一年をめでたく重ね合わせる**という意味が込められています。

ゆえに鏡餅は、神さまが宿る場所として正月に家の中で飾ります。

なんとなく、あまり意味も知らずしていることも多いようですが、昔から日本では、正月は年神さまを家にお迎えし、家族そろってお祝いをする「神祭り」として親しまれ、神さまとの距離を縮めることが行われてきました。

後世まで大切にしていきたい文化ですね。

出雲大社本殿のすす払い（島根県出雲市／朝日新聞社提供）

師走《しわす》
12月

年末はトイレの神さまに感謝して掃除を行う

トイレの神さまは「厠神《かわやがみ》」といいます。

土の神さまであるハニヤマヒメと、雨や水の神さまであるミツハノメを、トイレの神さまとして、紙や土でつくられた男女の人形を御神体にして、お祀りする地域もあります。

トイレの神さまは、出産に立ち会うことが多いので、トイレをちゃんと清潔に掃除しておくことで、お産が軽くなったり、顔の美しい子が生まれる、という言い伝えもあります。

仏教では、「烏枢沙摩明王《うすさまみょうおう》」がトイレを守護する存在としていらっしゃいます。烏枢沙摩明王は、炎をまとっているのですが、その炎でトイレの不浄を焼き払い、人々の健康を守ってくださっています。

さて、あなたの家では今日トイレ掃除をしましたか？

特に年末は大掃除の一環として、いつもより念入りにするのがよさそうですね。

12月 師走《しわす》

門の神さまを意識して注目してみる

年神さまをお迎えするための門松をたてる家の門。

その門にも神さまがいらっしゃいます。

そこで、家に居る身近な神さまとして、門の神さまを紹介いたします。

家の入り口である門や玄関の神さまは、アメノイワトワケです。

アマテラスがこもった天岩戸の戸が神さまとなったという説や、岩戸を開くのを手伝った神さまであるという説があります。

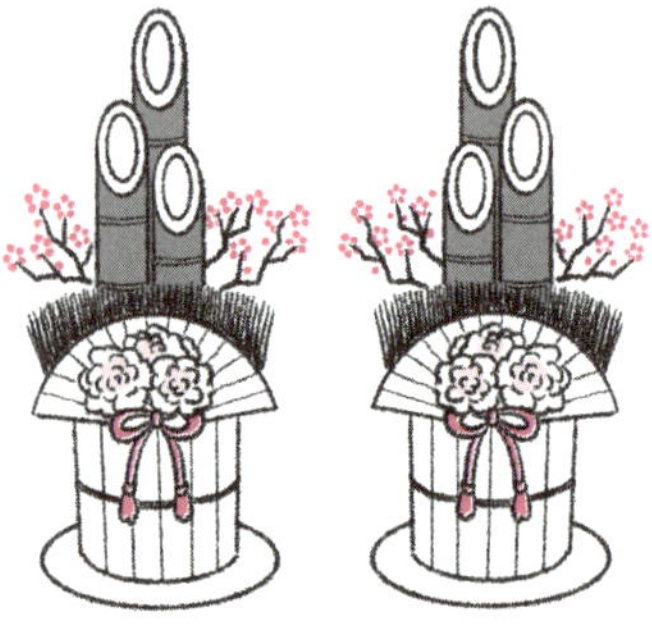

アマテラスの孫、ニニギが地上界に降臨する際、御門の神さまとして、宮中の門を守るために一緒に地上界へやってきました。

建物の出入り口である門は、内と外の結界の役割をしていて、**門の神さまは、結界の外から入ってこようとする悪霊やあらゆる厄災から、住んでいる人を守り、穏やかに生活ができるよう見守ってくださっている神さま**です。

こうして、さまざまな神さまに守られながら、私たちは過ごさせていただいていると考えると、それは本当に幸せなことですよね。

師走《しわす》 12月

一年の節目に神さまの息吹を感じる

ここでは、「幣《ぬさ》」についてお話しします。

「幣」とは、お祓いで神職の方が参拝者に振るう、白い紙のついた木の棒のことで御幣《ごへい》、大麻《おおぬさ》とも呼ばれる神事の道具です。

「紙垂《しで》」と呼ばれる紙細工がつけられていることが多く、この紙垂は、しめ縄にも使われ、「結界」の役割である神聖な場所を囲む目印として用いられています。

神社によっては、紙垂の代わりに「麻」が使われているところも多いですが、いずれも〈**神さまの息吹である「風」を再現している**〉といわれています。

つまり、神さまの依り代となった幣で風を起こし、神さまの息吹で参拝者の穢れを祓い清めるための神具なのです。

いかがですか？

一年の節目、人生の節目などさまざまな場面で、神社に訪れた際は見かけることがあると思いますが、神さまの息吹を感じ、身も心も軽やかに節目を迎えられたことに感謝しながら過ごしていきたいですね。

column

神社で鈴を鳴らす意味

神社で神さまにお願い事をする前に、鈴を鳴らしたことが誰しもあると思います。

では、その鈴を鳴らす意味とは何でしょうか？

よく「鈴を鳴らすのは神さまに自分が来たことを教える合図」といわれます。

たしかにその意味合いもあるかと思いますが、神前で鈴を鳴らす一番の意味は、**鈴を鳴らすことで魔や悪を遠ざけ、身や心の穢れを祓う**のが目的とされています。

鈴の音には古来、魔除けの力があると考えられていて、つまり、鈴を鳴らすということは魔を遠ざけ、同時に自分自身を清らかな状態にして神さまの前に立たせるための行為なのです。

風や音。**目には見えないものによって、神さまと人の縁は結ばれていきます。**

神社の鈴

神社にあるものは、理由なくあるわけではなく、その背景を知ることによって、またその背景を知った上で祈りを行うことで、より強力なエネルギーを発します。

一つ一つの行動や作法に意味を感じ、大切に歩んでいきたいものですね。

もっと！
「超開運」するための
神さま知識12

日本の神さまは専門性が高い！

日本の神さまは「八百万の神」。

単純に言葉の通り「800万の神」という意味ではありません。

古来日本では、万物に神が宿ると考えられていて、その数が無限に多いことのたとえで「八百万」と言われていました。

なので、一概に「神」といっても、日本には山の神、トイレの神、台所の神、米粒の中にも神がいて、他にも無数の神がいるということです。

いわば、**日本には「専門性の高い神さま」、その道のプロフェッショナルがそろっているのです**。

日本最古の書物『古事記』や、当時もっとも影響力のあったとされる歴史書『日本書紀』には、日本のはじまりとされる神々の物語が記されています。

そこには、完全無欠な存在とは違い、ハチャメチャな行動から、神さまたちも学び反省し、改善・向上されていく生きざまが、たくさんの教訓として残されています。

そんな神さまたちのことを知り、それぞれがどういった経験をされ、その結果として、どういったご利益を持たれているのかなど、きちんと興味を持って知ることが大切です。

そうすることで、はるかに私たちの現実を変えるスピードは上がっていき、望む幸せが手に入るのです。

神さまは自分の中にいる

「神さまは自分の中にいる」

そう言われてびっくりする方もいらっしゃるかもしれません。

それでは、日本神話「天岩戸開き」から読み解いてみましょう。

最高神、天照大神が弟の須佐之男命の横暴ぶりに耐えかね、天岩戸に閉じこもり、世界から光が失われたお話は有名ですね。

ここで登場した道具が、「三種の神器」のうちの八咫鏡《やたのかがみ》。

この鏡、アマテラス自身を映し出すために使われたのですが、

鏡→かがみ
そこから「が」である「我」をとったら、
か（が）み→かみ→神

すなわち、このお話から読み取れるのは、**自分自身は、「かみ（神）」そのものであり、自分自身を知って向き合うことによって、本来自分に宿っている神となる存在が現れる**ということです。

本来の自分＝神
を自覚するには、
鏡→か（が）み
が＝我をとる必要があります。

「我」とは、ひとりよがり、自分勝手な考え、自分本位の考え、わがままなどです。

そういった**自分の中にある「我」を取り除いたときに、自分の中に神さまが宿っているとと自覚できるようになる**のです。

我をとるには、我を知らなければいけませんね。

天照大神は、ひとり岩戸に閉じこもることによって、自分とは、どういった役割を持つ神なのか、どういった考えのもと行動しているかなど、内観をすることによって、我を知り、岩戸から出る頃には本来の自分自身……、本来あるべき神としてのお姿になったのだともとらえられますよね。


「神さまは、自分の中にいる」

神さまを知るには、我である自分という存在をまず知ることから。

神さまは、いつだって私たちのそばに、いいえ、私たちの内側にいらっしゃいます。

これからも、自分を知り、神さまをより深く知って人生を楽しみましょう。

日本の神さまは究極の性善説

神道というのは、ある意味究極のポジティブ思考であり、究極の性善説。

「嫌なことが起きたから、また嫌なことが続く」ではなく、「嫌なことが起きたから、次はもう起きない、ラッキー！」の世界です。

だからその考えで生きると、この人生において、嫌なことや悪いこと、という概念がなくなります。

神社にあるおみくじで、「小吉」が出てよくない内容が書かれていたとしても、そこに結んで帰れば、逆に好転した未来が訪れるというのもそうです。

儒教の教えにも近い考え方で、私たち人間は、本来善であり、神の子として生まれた。私たち人間は、本来すばらしい存在。ただ、それを長い年月の中で、忘れてしまっているだけ。

そのことを神社に行っては、思い出し、子どもの頃のように明るく、楽しく、元気良く、自然な笑顔で笑える日々がやってきたなら、この世界は一気に輝き出します。

神社に行き、参拝を終えた後、心がスッキリと清々しい気持ちになるのは、日頃気づかぬうちにため込んだ穢れを祓い、魂レベルで「私たちは本来、すばらしい存在」ということを思い出しているからなのかもしれませんね。

いつまでも、「明るく、楽しく、元気よく」生きることによって神さまは宿ります。

今日も、たくさん笑ってお過ごしくださいね。

驚くほど叶う願い方

「〇〇になりませんように」という神さまへのお願いの仕方は避けたいというお話をしました。

じゃあ、どうやってお願いすればいいの～？　という方のためにとっておきのお願いの方法をお伝えします。

「〇〇になりませんように」では、実際は「〇〇になりますように」と言っているのと一緒。

では、「〇〇になりますように」と願えばいいのかというと、それもちょっと弱い感じがします。

なぜなら、その願いを裏返すと、深層心理では、「まだ〇〇になってないから、なれますように」の状態であって、「○○になっていない状態」を神さまは願いだと思い現実に作り続けてしまうからです。

これを踏まえて、あなたならどんな言葉で願いますか？

私が神さまに教わったのは、こうでした。

「もっと○○になれますように」と、**願いの前に「もっと」をつける！**

そうすると、「今も十分○○だけど、もっと○○になれますように」と、見事に深層心理の設定が変わるのです。

私でいうならば、「もっとお金が稼げますように。もっと家族が仲良くなれますように。もっと幸せになれますように」という感じに変換できます。

あなたの願いも置き換えて言葉をイメージしてみてください。

「もっと〇〇になりますように！」


言葉がイメージできたら神さまに、会いに行きたくなってきましたね。

私も今、神さまに願います。

「もっと、読者の方々と神さまの距離を縮めてお役に立てますように！」

神さまと塩の関係性

神棚や神社でお供えされる「塩」について、清めの意味として使われているのはすでにご存じかと思います。

今のように冷蔵庫がない時代では、貴重なたんぱく源である肉や魚を長期保存するために塩が重宝されてきました。塩を使うことで、腐敗を遅らせ水分を抜くことで保存を可能にしていたのでしょう。

『古事記』には、黄泉の国から戻ってきたイザナギが、自らの体についた穢れを祓うため、宮崎県阿波岐原あたりの海水で禊祓いをしたと記されています。

海水は、塩＋水ですね。神さまでさえも塩を活用していたのです。

陰陽五行においては、適切にとった塩辛い味は、五臓の中の腎臓に入って栄養になるといわれています。

民間療法においても、海水を浴びて身を清める「塩垢離《しおごり》」、病気の治癒のために使う、海水を沸かした「塩湯《えんとう》」など、塩の活用が見られます。

科学の発展していない時代から、**塩の優れた浄化力や殺菌力のおかげで私たちは生命をつなぎ、塩に支えられてきた**のですね。

体質にもよると思いますが、精製されていないミネラルたっぷりの天日塩をとることで体調の変化がみられる人もいるみたいですよ。

「塩は体に良くない」というイメージを持たれがちですが、そんな今ではある意味「常識」となった情報が本当に正しいのかさえも疑う必要がある時代なのかもしれませんね。

どんな食べ物においても、取りすぎは良くはありませんが、何事もバランスだと私は感じています。

普段、神さまにお供えするものの一つにも「塩」がありますね。

それは、神さまも必要としているものだからなのでしょう。

きっとそこには、古き日本人からの知恵や、神さまから今の日本人に伝えたいメッセージが隠されているかもしれません。

調べて見ると奥が深いですね。

神さまと妖怪の違いとは?

岩手県遠野市は民俗学者・柳田國男が、明治43年(1910)に発表した、遠野地方に伝わる逸話や伝承を記した『遠野物語』で有名な地です。

この物語には、皆さまも幼い頃一つは耳にしたことがあるようなお話がたくさん詰まっています。

たとえば、「座敷わらし」「カッパ」「雪女」など、さまざまな不可思議な話が盛り込まれています。

この世には、そういった人間の想像が及ばない、または、目に見えない不可思議な現象、今の科学ではまだ証明のできない力が当たり前のように存在していますが、それを時に人は、「神さま」「妖怪」を用いて表現します。

人間にとっていい影響であれば、「神さまの仕業」。人間にとって悪い影響であれば、「妖怪の仕業」と表現するように、相反する存在がここでは、肩を並べているのです。

では、神さまと妖怪の違いは何なのでしょう。それは、人々が祀り上げているかどうかで決まります。

人々に祀り上げられている存在が「神さま」
人々に祀り上げられていない存在が「妖怪」

人々がそれを大切に扱うか、ぞんざいに扱うかで、神さまにも妖怪にもなりうる、表裏一体、超常的存在なのです。

ということは、**妖怪の正体は裏を返せば、神さま**ということになりますね。

人々が思い、祈りをささげ、大切にすれば、妖怪の仕業と表現される悪い災いは、人々を守る教訓として受け継がれていきます。

神道にも「和魂《にぎみたま》」「荒魂《あらたま》」の考えがあるように、「荒魂」を悪い存在として嫌うのではなくそれも含めて、「ありがとうございます」「学ばせていただきます」「大切にいたします」という精神を人々が持っていれば、すべて人々を救う「神」になりうるということなのです。

鬼の正体

妖怪のお話をしましたが、**「鬼」も神さま**だということをご存じでしょうか？

仏教に出てくる女神、「鬼子母神《きしもじん》」は鬼神王の妻で、500人の子どもを持つ母でありながら、その子どもらを育てるために人間の子どもをさらい食べていました。

それを見ていたお釈迦さまは、鬼子母神が最もかわいがっていた末の子を隠したのです。

その後、鬼子母神は、7日間必死に世界中を探し求めましたが見つからず、ついに、お釈迦さまに助けを求めに行きました。

すると、お釈迦さまは、

「お前にはたくさんの子どもがいるのに、ただ一人を失っただけでもこんなに悲しみ、苦しいのだろう。人間の子はお前のように多くはないし、産まれても、病気や事故などで子どもを亡くすことも多いのだ。しかし、お前はその大切な子どもへ悪行を行った」

と、我が子を失う悲しさと命の大切さを鬼子母神に説きました。

その後、改心した鬼子母神は、すべての子どもたちと、お釈迦さまの教えを守ることを誓い、今では、子育てや安産、子どもを守る神さまとして、全国各地に祀られるようになったのです。

鬼子母神が描かれる絵や像には、手に吉祥果（ザクロの実）を持っている姿が多いのですがそれは、お釈迦さまから人肉を食べたくなったらザクロの実を食べなさいと言われたからだそうです。

というのも、ザクロは、実の中に多くの種を抱えることから、子どもを多く産んだり、作物が良く実ることを意味し、子孫繁栄のご利益があるとてもおめでたい果物です。ですので、それを食べることによって、あなたは自分の役割を思い出しなさいという意味があるのかもしれませんね。

さて、善良な神となった鬼子母神には、攻撃性のある角は必要がなくなったということなのでしょうか。仏閣にお祀りする際に書かれている文字は、「鬼」という漢字の一画目にあたる払いの部分を、鬼の角に見立て取って書かれることがあります。

角のない天女の姿に加え、文字も角がない「鬼子母神」として書かれています（特殊な文字なので、パソコンなどで文字変換しても出てきませんが……）。

お経の中に描かれている改心した鬼子母神は、仏教を守護する神として、いかなる鬼神や病、恐れ、誘惑からも、仏法を信じる人を守ると誓われたそうです。

もとは角の生えた悪い鬼でも、学び向上すれば、人々から愛され大切にされ、神さまとなりえることを鬼子母神は教えてくださいました。

妖怪もまた、人々から大切にされ祀られれば、神さまとなるように、**私たちの祈りの力、誰かを、何かを大切にする力は、それだけ尊いエネルギーを持っている**のかもしれませんね。

五色布の意味

「五色布」をご存じでしょうか？

「五色絹」とも呼ばれ、青・赤・黄・白・黒（紫）からなる布で、神道では、幟《のぼり》に用いられたり、お寺では祭殿、装飾に「五正色幕」として用いられています。

この「五色」は、古代中国に成立した「五行説」に由来しています。

5つの元素「木・火・土・金・水」を表すそれぞれの色で、

「木↓青、火↓赤、土↓黄、金↓白、水↓黒（紫）」

自然現象や人事現象などのすべての万物を表すとされています。

他にも、5月の節句、鯉のぼりの一番上についている「吹き流し」、相撲で土俵上のつり屋根の四隅に東西南北を表す「四房《しぶさ》」など、これらすべて東西南北、春夏秋冬など、色に意味が込められ、魔除けや祈り、幸せを願って装飾が施されています。

興味がある方は、陰陽五行を調べてみるのも楽しいかもしれませんね。

神社やお寺に訪れた際は、この色を見て、宇宙全てのことわりの中で自分は生きているのだと思い出して、神さまをより近くに感じられてみてくださいね。

しめ縄の意味

しめ縄×神社と聞くと、日本最大のしめ縄がある出雲大社を想像する人も多いと思います。

しめ縄は、稲わらで作られた縄に、4本の紙垂《しで》を垂らしたもので、神さまの神聖な領域と、そうでない領域の境目を表すために用いられます。

境目を表すものとしては他にも、神社の鳥居、境内や社を囲うように生える木々、神社までの階段や境内をまたぐときの段差一つにしても、神聖な領域とそうでない領域の境目となっていることも多いですが、これは、**結界の役割**をしています。

結界を何重にも張ることで、御神域を清らかな状態に保つ働きと、人々が神さまを大切にお祀りしている信仰心の篤さを表現しているとも、とらえることができます。

ちなみに、島根にある出雲大社の大しめ縄は、1年以上の歳月と、延べ1000人の町民の手によって大切に作られ奉納されています。

神さまを思い、感謝の気持ちを持ち続け、神さまと共に生きる人たちがそこにいるのです。

占いの神さま

毎朝の星座占い、昔流行ったどうぶつ占い、血液型占い……。

あなたも自分を当てはめてみて、楽しんだ経験があるのではないでしょうか。

世の中にはありとあらゆる占いが存在しますが、占いの神さまが居ることをご存じでしょうか。


その神さまは、天岩戸開きの際に言霊の神・アメノコヤネと一緒に協力をし、ご活躍された神さまです。

その神さまは、**フトダマ**と呼ばれ、その神さまの占いかたは、太占《ふとまに》といわれる方法で鹿の骨にヒビを入れ、骨の割れ目模様によって占いを行っていたようです。

フトダマは、祭具である玉串使い、祀りを行う司祭者であったため、そのご子孫たちは今でも代々、宮司などの神主をしているといわれています。

ちなみに、玉串とは榊《さかき》や榊と和紙を細く切ったものが付けられている祭具です。今では、神霊を迎える依り代の役割があり、玉串を捧げて祈る人の気持ちも込められることにより、神さまと人の思いをつなげる役割をしています。

フトダマは、占い、祭具、和紙の原料であるコウゾ、麻の神さまともされています。古くは、占いで吉凶を出し、祭祀や統治する場所、日取りなどを決めていたため、とても重要な役割をもった神さまであります。

考えても考えても何か決めかねることがあった際は、フトダマに相談してみるのもありかもしれませんね。

神さまのご利益を知る方法

神さまにお願い事をするときは、その神さまのご利益に合ったお願い事をするのが大前提です。

では、どうやってご利益を知るの？　と疑問に思う人もいるかと思います。

そこで、神さまのご利益を知る方法をお伝えしたいと思います。

それは**神さまの生い立ちやストーリーを知る**ということです。

これは私が、「神さまって何？」と疑問を持ったとき、最初にやったことです。

皆さまも私のようにやれ！　と言いたいのではありません。

その神さまたちが繰り広げる人間味のある生きざまを知ることで、教訓として自分の生活に落とし込みやすかったり、物語からくる流れで、その神さまのご利益が思い浮かびやすくなるのです。

たとえば、パナソニックを一代で築き上げた「松下幸之助」さんの名前だけを聞くのと、どのような背景がある人間（神さま）なのかを知るのとでは、とらえ方も信仰心も変わってきます。

幼い時に父親が破産、第2次世界大戦下での苦悩、それでも「商売とは、感動を与えることである」などの数々の言葉と多くの偉業を残してきました。

そこには、現代の私たちにも生きる教訓や学びが多くあることから、今でも「経営の神さま」としてたたえられています。

神さまとなった松下幸之助さんの願いと、自分の願いを共鳴させることで、商売繁盛の願いを現実のものへとしていけるのです。

ただ「松下幸之助」と名前を聞いただけでは、自分の願いや信仰心も変わってくるので、その願いは叶いにくくなることでしょう。

想像してみてください。もし、自分が神さまなら、自分をよく知ってくれている人を大切にしたくなりませんか。神さまも、同じだと思ってください。

実在の人物が、なぜ神さまになるのか

実在した歴史上の人物や社会的に貢献した人が、なぜ神社で神として祀られるようになるのでしょうか。

『古事記』や『日本書紀』のように、本当に実在したの？　と思えるような、遠い未知の存在に感じられる神さまたちですが、歴史上の人物や現代につながる偉人が祀られているとなると、なんだか、とっても身近に思えてきますよね。

実在の人物が神さまとして祀られるには大きく分けて2つのパターンがあるとされています。

まず、1つ目のパターン。それは、**人々が霊の祟りによる疫病や自然災害などを**

恐れ、鎮魂のため神さまとしてお祀りしたもの。

「天神さま」の愛称で全国各地でお祀りされている菅原道真は、無実の罪により左遷され、左遷先の大宰府で亡くなりました。

彼の死後、道真に代わって権力を握った藤原時平が突如亡くなり、宮中では、落雷により複数の貴族が命を落としました。道真を左遷した醍醐天皇とその皇太子までもが病で立て続けに亡くなってしまいます。

このような、現世への強いうらみや憎しみが、対象となった人や周りの人々に不幸な出来事を起こし、死に至らしめたりする。

さらに、国を揺るがす大災害や疫病も、強力な怨霊の祟りだと信じられてきました。

これは、神道の中の「御霊信仰」に由来するもので、当時の人々は、強力な怨霊を神さまとしてお祀りすることで鎮め、人々を守護する力に変えようと考え、神社を建て大切にお祀りしてきたのです。

さて、もう1つのパターン。それは、**輝かしい功績を残した人物をたたえるもの**で、徳川家康はこの例にあたります。

家康は遺言により死後、静岡県久能山に葬られたのち、2代将軍・秀忠によって建てられた久能山東照宮に「東照大権現」として祀られました。

家康は国家安泰、病気平穏などの神さまとして信仰され、翌年には、その神霊が日光東照宮に移されました。

他にも、

源義経を祀っている、白旗神社。

楠木正成を祀っている、湊川《みなとがわ》神社。

織田信長を祀っている、建勲《けんくん》神社。

など枚挙にいとまがありません。


人々は、彼らのように優れた力を持った人物を祀ることで、自分たちにもその力を分け与えていただけると考えたのです。

あなたの住んでいる地域にも偉人たちを祀る神社はありますか？

好きな偉人がいらっしゃる方は、祀られている神社やゆかりの地を訪れてみるのも良いかもしれませんね。

おわりに

いかがだったでしょうか？

想像していた通りの神さまの姿や、その逆に想像していなかった驚きの神さまの姿など、さまざまな神さまの姿があったかと思います。

多くの神社には本殿に鏡があります。この鏡は御神体といって、神さまが降りてくる依り代（神霊が出現するための媒体）です。

この御神体＝神さまである鏡の前に立った時に映るものは何でしょうか？　そうです、自分です。これはいうならば、自分自身が神さまであるということでもあります。

かつての私のように、神さまのことを知らずに何となくの思いの願いしか届けなければ、神さまは鏡の存在であるがゆえに、何となくの現実しか返ってきません。

しかしその逆に、自分が神さまのことを知り、神さまに対して愛情や思いやりを抱き、その中で知識や作法に乗っ取って敬意と感謝のもと、神さまに願いを届けると、神さまも私たちの気持ちに応えてくれます。


神さまに1つの答えはありません。

それは、それぞれがどのような思いを持って、神さまに何を求め、どのように神さまを見るかによって、答えが変わるからです。

だからこそ、私たち自身の心をいつも愛と感謝の温かい気持ちでいっぱいに満たし、神さまに求めるばかりではなく、自分自身もまた神さまに何ができるかを考え、神さまに頼って歩くのではなく、共に手を携えて歩いて行く気持ちで生きてほしいと思います。


「神と共に、神と友に」

「友に」という言葉は語弊があるかもしれませんが、神さまをはるか彼方、別次元にいる存在と思いすぎるのもまた違うと思います。私は最大限の敬意を込めて、この言葉を胸に、今も神さまと共に歩む日々を過ごしています。

日本は森羅万象すべてに神さまが宿る、八百万の神さまの住まわれる国です。目に映るもの、耳に聴こえるもの、肌に触れるもの、そして五感で感じることができないもの、そのすべてに至るまでこの国では神さまであることを胸に、神さまと共に、これからまた素敵な人生を歩んでいってください。

神さまはいつでも待ってくれています。
私たち人間が気付くことを。
その時を今か今かと、待ってくれています。

そして私たち自身が気付いて神さまに歩み寄る気持ちを見せた時、神さまもまた私たちのもとへと歩み寄ってくださいます。

このたびは最後までお読み頂き、本当にありがとうございました。
神さまと共に手を携え、素敵な人生をお送りください。
皆さまのこれからの幸せを、心よりお祈りしています。

荒川祐二

本書は、「ＫＡＤＯＫＡＷＡセミナーサロン・メールマガジン」の連載「新しい時代を生きるヒント！　神さまの豆知識」をもとに、加筆・再編集を行ったものです。

荒川祐二《あらかわゆうじ》

「毎朝、日本一汚い新宿駅東口を掃除する」と始めた活動体験を描いたデビュー作『半ケツとゴミ拾い』をきっかけに、作家としてさまざまなジャンルの本を出版。現在まで通算20冊、累計発行部数は15万部超。

2017年から日本の神々の歴史をコミカルに伝えるブログをスタートし、半年で月間アクセス100万を突破するなど、日本の神さまに関連した人気コンテンツを生み出し続けている。

一方で、これまでに全国500校以上の学校で講演会を行っており、また大阪府下で５店舗、年商５億円以上のラーメン店を経営する経営者でもある。

主な著書に『ていうか、神さまってなに？』『ちょっと神さまになってみました』（KADOKAWA）がある。

超《ちょう》開《かい》運《うん》！　神《かみ》さま歳《さい》時《じ》記《き》

仕事《しごと》もプライベートも１年《ねん》３６５日《にち》が絶好調《ぜっこうちょう》になる48の習慣《しゅうかん》

2024年9月30日　初版発行

著者／荒川祐二《あらかわゆうじ》

発行者／山下 直久

発行／株式会社KADOKAWA
〒102-8177　東京都千代田区富士見2-13-3
電話　0570-002-301（ナビダイヤル）

印刷所／大日本印刷株式会社

製本所／大日本印刷株式会社

●お問い合わせ
https://www.kadokawa.co.jp/（「お問い合わせ」へお進みください）
※内容によっては、お答えできない場合があります。
※サポートは日本国内のみとさせていただきます。
※Japanese text only

定価はカバーに表示してあります。

ISBN 978-4-04-607193-4 C0095